甘　地　传

梵澄译丛·主编 闻中

甘地传

［法］罗曼·罗兰 著
高勍 闻中 译

广西师范大学出版社
·桂林·

顾 问
（以姓氏笔画为序）

王志成

毛世昌

卢　勇

乐黛云

孙　波

孙向晨

杜伽南达

吴学国

张颂仁

高世名

总顾问
高世名

主　编
闻　中

致谢辞

此书的问世,首先需要向我忠实的合作者,即我的妹妹致谢;还需要向我的朋友卡利达斯·纳格,致以最温柔的谢忱,借由他们深邃的知识、毫无倦怠的耐心与善良,指引我穿越了印度思想重重黑色的森林!

我也要感谢马德拉斯的出版商 S. 伽内沙,是他愿意屈尊玉成此等上好之美事,主动把拙著交给他们的出版机构,借以问世。为此,吾人一并致以崇高的敬意与感谢!

扉页引语

印度人民尊甘地为"圣雄"(Mahatma)。

就词意言,Maha(音马哈),即伟大;Atma(音阿特玛),即灵魂。这个词可以一直追溯到古老的《奥义书》时代。在那里,它专门指那些至高的神圣者,他们以智慧、以无私的爱进行交流,他们已经与整个存在合为了一体:

> 哦,圣雄,伟大的灵魂,
> 他们就是那发光者,是万物的创造者,
> 永远被供奉在人类的心中,
> 通过爱、直觉与思想,他们给出启示,
> 谁认识了他,谁就实现了不朽……

泰戈尔在访问甘地最喜欢的那个静修林——他隐修之地时,就专门引用了上面这一个诗节。诗人所指,就是此一时代弘扬真理、传播真道的使徒,他就是甘地。

中译本导论

一

甘地的传记于汉语界已有不少，但是，罗曼·罗兰所撰写的此部经典的篇章，还是颇值得吾人推荐的。它非但用词典雅，摄义深广；而且还因为，罗曼·罗兰与传主甘地是心心相印的异国友人，是那个时代激流当中涌现出来具备类似品质的一世之雄杰；加之，罗曼·罗兰写作该书的时候，甘地的非暴力运动还在低谷之中进行，一切晦暗未明。所以，它里面的一些判断也带给我们许多震惊，看到了罗曼·罗兰先知一般的预知力。而最近，由友人高勍领衔，我们一起将该书译成了汉语，与罗曼·罗兰的另外两部杰出传记《辨喜传》《罗摩克里希纳传》一起，贡献给这个时代的人们，尤其是在世俗的风云当中常常匮乏于勇气与力量者、匮乏于智慧与爱者。

何出此言？因为——若非如是，文化其实是不需要的，宗教是不需要的，圣者的教示与人生的纯粹教材，也是不需要的，让它永处在寂寞之中也就是了。但是，世道的结构何其复杂、生活的河流又何其悲伤。故而，既已入此人世，吾人便永远需要，只因为人世永远匮乏。

在生命无穷尽的旅途当中，长亭短亭，谁没有遇上过黑夜？那些偶像的溃败，那些心灵的低谷，那时代的种种沉沦和迷惘的兆相，谁没有遇上过？面对繁花过后的凋零之局，谁不曾遭遇过疼痛？而那些最能够慰藉吾人的伟大精魂，却偏偏又藏在了不同的时间、不同的地域，他们中的许多人虽是光芒万丈的闪电，然毕竟永在一隅呼喊、搏斗，不为人知。罗曼·罗兰发下大愿，为他们立传，越过了时间的墙壁，摧毁空间的种种障碍与阻隔，寻找出所有的那些奋斗者，他的名字取得真好，唤作《巨人传》！而且，通过这些传记，我们就会看见，这些传主，他们自己都是孤独的，甚而是沉痛的、悲苦的，而与我们常人不同的是，他们在孤独中永不自弃，而是始终往精神的高地不懈攀行，用心灵的力量战胜一切的内外之敌，把不灭的理想托举起来。而这种写作，也让这些理想的孤独者形成一个庞大的系谱，让他们有了一个机会相聚一堂，感觉温暖。

最后，我们则会发现，曾经敬奉于高台的无数石头所建的丰碑都已坍塌、破碎，被时代的动荡夷为了平地，而罗曼·罗兰树起的精神丰碑却挺过了时间风雨，穿过了唇枪舌剑，傲然屹立。于是，就这样安慰了后来者，安慰了我们，他在《米开朗琪罗传》中说：

> 伟大的心魂有如崇山峻岭……我不说普通的人类都能在高峰上生存，但一年一度他们应上去顶礼。在那里，他们可以变换一下肺中的呼吸，与脉管中的血流。在那里，他们将感到更迫近永恒。以后，他们再回到人生的广原，心中充满了日常战斗的勇气。

这就是那些巨人给到整体人类的意义，因为世道的困厄与艰难。而罗曼·罗兰的作品，就是人们趋于强大的精神支柱，在这个变数复杂的人世上,一切具有自由灵魂的人,都可以到此处寻求各自的慰藉。作为20世纪最伟大的小说家、思想家之一,又是法国文学当中罕见的神秘主义者,罗曼·罗兰不仅仅代表着正义与良心,而且还代表卓越的智慧,这种智慧是时代的,也是永恒的,是天人共在的见证。

二

古老的印度文明深沟巨壑,偏又宗教林立、智慧奥藏,几千年下来,一直以其高昂而雄峻的灵性精神在启示、教育着整个世界。但是,它近代以来的命运,却凶险异常,最后,国家的治理权几乎全然落入了西方殖民主义者的手中,成了大英帝国的一个庞大的行省,加尔各答也成为亚洲的伦敦。于是,出现了斯瓦米·辨喜、提拉克、阿罗频多与甘地等英雄人物,唤醒国民之意志,呼吁印度之独立。后来的历史之发展,更是把甘地和甘地的追随者,与印度的国运紧紧绑在了一起。他们也被誉为"圣雄",圣雄者,弘扬真理、传播真道之使徒也。

然亦不免遭受各种批评,甚至无数的误解与非议。譬如当代的著名作家V.S.奈保尔在《印度:受伤的文明》中有过分析,他以为造成印度落后局面的原因,甘地主义就是其一:

一方面是印度教的种姓制度在印度文化里根深蒂固,印度宗教那种强调心灵解脱而安于生命现状的指导,让印度大量低种姓的平民能耽于苦难而不求现状的改变;

一方面则是作为国父的甘地,虽然反对不可接触贱民(Pariahs)的陋习,但没有打破种姓制度,并且,要命的正是"甘地主义",让印度形成农村自然自治的政治生态，回归于古老的传统，"这在殖民时期，印度地广，组织落后，而要采取非暴力（Ahimsa）不合作以对抗英国是上好的方案，但是，一旦印度独立，这种政治生态却无法有效地将民族国家的意识真正树立，并形成全国上下一条心的合力"。

而奉甘地如神明、复如父亲的尼赫鲁，在其自传中如是云：

> 从本质上说，甘地的态度是苦行者的态度，他不正视尘世，否定人生，并视人生为邪恶。对苦行者而言，这种态度是自然的，但如果要一般珍爱人生、努力使人产生极大意义的世间男女也接受这种态度，似乎勉为其难了。甘地为了避免一种邪恶，容忍了许多更严重的邪恶。

就印度的历史与现状而论，甘地的许多政治与哲学理念确实会有一些叫人难以认同处，这看似是一个与时代错位的圣者，披着鹿皮，拄着拐杖，走出了森林，而无意当中走进了后工业的机器文明里面，面面相觑，彼此错愕。

因为甘地的主张，印度开始了反对工业化，反对机器，反对铁路，反对英国人带来的一切现代性的工业成果。他主张恢复传统乡村的手工劳作的方式，其中最重要的就是恢复手工纺织业，所以才有了那些他自己手摇纺车的照片，而且到处宣传。

我们或许可以理解为他对科技文明存有许多层面的恐惧，此中亦不无洞见。不过他所提出的解决之道却有时不切实际，有时则必定有害。社会不公，或过度发展，显然不应以借着拒绝文明之公器而守着贫穷来解决。

著名诗人泰戈尔是甘地重要的朋友之一,也是印度第一个奉甘地为"圣雄"者,但同时不要忘了,他也是甘地的严厉批评者,是一位伟大的诤友,彼此存有若干歧见,或公开或私下,皆展开过激烈的论辩。这一点在罗曼·罗兰这一部书中有着详细的分析。

相比甘地而言,泰戈尔显然更是一个国际主义者,具有新时代的开明与雍容,他敬重甘地的崇高人格,然亦抨击甘地的某些政治见解,例如不分青红皂白地谴责西方文明,及焚毁外国衣服与一切舶来品。泰戈尔说:"我宁可将这些衣服送给那些赤身裸体的人,而不是拒绝。"

然而,这些歧见并未严重到影响他们彼此之间的赏识。或许,我们应该谨记的是,真正的诗人们通常比较能够明辨是非,我们对某些圣人却不能如此论断。不过,话要说回来,我们也不应评断甘地,因为圣人不是供人们评断的,而是让人敬仰。这是墨西哥诗人帕斯在他的《印度札记》里面专门提醒过我们的。一个开明的诗人与一个保守的圣人之间的对话,显然是困难的。因为一个诗人在说话前,先聆听时代的声音,也就是说,他所使用的语言,既属于所有人,也不属于任何人。诗歌是一种秘密的信仰,话语中的信息却偏偏是普世的,但一个圣人则不然,他或与神对谈,或与自己交谈,所属的语言却都是渊默之音。

当然,甘地的保守不无理由,他有各种各样对时代日益趋于堕落的警惕,他曾说过毁灭人类的七种事:1. 没有劳动的财富;2. 没有良知的快乐;3. 没有是非的知识;4. 没有道德的商业;5. 没有人性的科学;6. 没有牺牲的崇拜;7. 没有原则的政治。

如今思来,甘地的那一次向全球化以来的印度第一先知辨喜尊者的晚年朝圣，未能兑为现实，对印度社会的现代化与文明化，真可谓是失之交臂，而跌入谷底，令人沉痛扼腕。我们要知道，辨喜所呼吁的，其实正是普世主义，是全球化的理想与真精神，那也是克利希纳霹雳一般的声音："阿周那，请站起来，准备战斗吧！"

三

整部传记在罗曼·罗兰的叙述中，其语气是客观的、庄重的，尤其在论及甘地因非暴力精神而遭受自己的友军误解，而且还导致了人身劫难、被审判入狱之时，则如同歌剧里面之高潮阶段的咏叹，充满悲剧色彩，但确乎是崇高的，令人生出了大敬意。

彼时，一边，是甘地承担了整个不合作运动当中发生的所有暴力的责任，以一人治罪，赎清了万人，他在道院的祈祷与静坐，耐心等待逮捕者的到来，罗曼·罗兰说，此像极了客西马尼园之夜的祷告。一边，是有同情心的法官给出的审判，他希望正义具有永恒性的启示，在人间法律的有限范围内，逼近无限，从而照顾到了这个受难的人类的儿子，为他尽了最大可能的救赎之力。

虽然，时代还在风起云涌，但是，罗曼·罗兰在传记当中，也涉及崭新的印度灵魂如何缔造，涉及教育的最高理想。我们说了，甘地显然是保守的，他所要唤醒的也只是印度的，甚至是只是传统印度的；他以为，自立自为的印度，灵魂也必当是自足的，这就回到了印度古老的修道院（Ashram）传统。

关于 Ashram 一词，我们在书里面已经有了相关的译者注，此处再加上一种解释。即，"Ashram"还有另外一个含义，即除了"生命整体成长的道院"含义之外,"A"还意味着一种否定,"shram"即不平静,内心有深浅不一的愚昧激情在涌动,而世外的 Ashram,即消除诸般心念的不纯正,可以供给人们一种平静或平衡的存在方式。故早年的国内学人译之为"静修林",大体不诬,这正是甘地的一种精神理想。时至今日,印度还有不少的 Ashram,包括甘地的修道院。

人们对非暴力的误解是致命的。其实,与辨喜一样,甚至与近代以来所有雄赳赳、气昂昂走向了断头台的印度英雄一样,甘地继承的也是《薄伽梵歌》的战斗精神,"起来吧,王子!请抛弃怯懦,抛弃软弱!站起来,去战斗!"(《薄伽梵歌》2:3)

但很多时候,我们把宽容和非暴力解释为软弱和怯懦,正如一位乞丐的弃绝没有任何价值,一位懦夫的非暴力也毫无意义。辨喜说过,"一个人若能够给出重拳,却选择容忍,其中就具有美德;如果一个人可以得到却选择放弃,其中就有美德。我们知道,在我们的生活中,常常是由于懒惰和怯懦而放弃了斗争,又试图催眠自己的大脑以使我们相信自己是勇敢的"。这才是甘地所要防备的。而一旦有了无畏、有了巨大的力量与勇气,甘地遵循的就是印度森林圣者的精神法则。他们明白"物或损之而益,或益之而损"的损益之道,深谙"因剑而得,必因剑而失"之无常,故服膺于难度极大的心灵维度之冶铸。甘地一再地告诫自己的人们:只有当人们获得反抗的力量时,不反抗才是一条道路。否则,反抗,甚至暴力的反抗也是可行的,不能将柔弱与放弃当成了非暴力,那只是阿周那一时生起来的对责任之逃避。换言之,甘地的精神,乃是"不以暴力"反抗,而绝不是"不反抗"。甘地说:

"在坚忍的非暴力中行动,即意味着有觉知地、有意识地去经受苦难……我已经将邃古以来的自我牺牲（Self-Sacrifice）与受难的法则，大胆地摆放在了印度人民的面前。在暴力的丛林当中，那发掘出非暴力法则的印度之先哲们（Rishis），是比牛顿还要伟大的精神天才，是比惠灵顿将军（General wellington）还要伟大的无畏勇士。

"他们在已经明了武器功用的同时，也意识到武器与暴力的局限与无用之处，他们借此启示出了救赎一个无望的世界，并不需要依靠暴力，而是要借助非暴力的手段……非暴力的宗教，不单单对哲人和圣人有价值，它对普通大众同样有巨大的利益。非暴力是人性的法则，而暴力则是禽兽的律法。人的尊严，要求我们顺从一种更高尚的法——一种通向精神性力量的法……我希望印度是带着力量与权柄的觉知，来推行它的非暴力的法则。我希望印度能够意识到她有永不朽坏的灵魂之力量，她能战胜一切肉体上的软弱，并藐视这个世界上一切肉体的联盟。"

于是，当有人问甘地，为什么我们受了这么多的苦，这么多的艰难，还不能得到印度的独立时，甘地的回答斩钉截铁，十分坚定：

"因为，我们受的苦还不够！"

就这一点而言，罗曼·罗兰是深深地理解了甘地的。他们知道，作为时代之子，如何靠近永恒之道，他们所身体力行的正是克利希纳在《薄伽梵歌》里面传达的行动瑜伽之精神，其目标所指，未必是成功与必胜，而必是忠于信仰；他们可以放弃结果，但绝不放弃行动。在罗曼·罗兰的一部部辉煌闪光的传记当中，他自己也探寻了人类内心深处跌宕多变的激情，观照个体的痛苦与顽强不息的挣扎，而不灭的理想却牢牢擎住了，成为精神世界明亮的火把。这就使得他的作品跨越了国别与民族之限，在无数的读者心中点燃了高尚的人性之光，并成为他们汲取人生哲思的无尽源泉,他们用自身的生命与苦难抗争的不屈姿态,也永远留在了纷繁芜杂的历史记忆之中,汩汩清泉,流进了不朽之生命海。

四

罗曼·罗兰的著作是经过高温熔炉冶炼的,因为他自己就是伟大的行动者。他在欧战期间,以一篇雄文《超越混战》的声音,激起了巨大的国际反响,很快,他就被自己的国家孤立了,也借此孤立,越过了自己的时代与家国,与一切时代、一切国域的真理握住了双手,他说:

"一个被战争攻击的伟大国家,不但要保卫自己的边疆,并且要保卫自己清明的见识。它必须保卫自己,不被这燹祸引起的种种妄想、愚蠢和不正义的行动所侵害,必须各尽其责;军队得捍卫祖国的土地,思想家得捍卫它的思想。

"如果他们让思想受制于他们民族的狂热,那他们很可能成为这种狂热之有用的工具。可是这样,他们就有背叛民族精神的危险,这种精神在一个民族的遗产中占有相当重要的地位。将来总有一天,历史会对每一个交战国加以判断;它会衡量它们的错误、谎言和各种可憎的蠢事的程度。让我们来尝试,使我们的罪行在它面前减轻些吧!

"古典教育使他们能超越种族的分歧,看到我们文明的根源和共同的发展。艺术使他们热爱一个民族天才的深邃的源泉。科学使他们相信理智的一致性。伟大的改造世界的社会运动显示出他们周围所有的工人阶级在有组织地努力,在企图打破国界的希望和斗争中团结自己的力量。大地上最灿烂的天才,如惠特曼和托尔斯泰,在欢乐和苦难中高唱世界大同。

"不然就像我们拉丁民族的智者,用他们的批判刺破那些使人与人、民族与民族互相隔阂的憎恨和愚昧的偏见。我和当代所有的人一样,是被这些思想教养成长的;轮到我的时候,我也曾设法把这些生命的面包分送一份给比我年轻或不幸的兄弟们。"

是的,这就是罗曼·罗兰,他的心胸里面,常常盈溢着一种悲天悯人的神圣情怀,以及对人类无限深情的眷爱。他恰像一具精致的小提琴,既能弹奏出无限的温柔与和谐,嫩如天婴一般的妙唱,也能加入庞大乐队中,合奏出汪洋大海、汹涌澎湃的时代之洪音。他的思想在席卷着整个欧洲的战争风暴当中,居然岿然不动。

而在此一书中,就着心灵的力量,罗曼·罗兰也借着诗人泰戈尔的话说明了,"事实上,心灵的力量比肉体的力量更加强大,一个手无寸铁的民族将会证明这一点。生命的演化进程也表明,在令人生畏的保护性盔甲、硬壳,以及硕大的肌肉构成的庞然大物之族群退化之后,征服蛮力的人类才得以出现。会有那么一天的,那柔弱高贵,但绝对手无寸铁的人,将会见证是温柔的人承受了地土。身体羸弱、别无一物的圣雄甘地会证明,隐藏在印度人民心中那温柔与谦卑的力量是绝对不可战胜的,即使历经困苦、饱受磨难。……人类的历史必须被高举,要把它从物质斗争的纷乱山谷,举到灵性互竞的洁净高原之上"。

故而,罗曼·罗兰也就对印度的精神同道甘地有了如此深刻的信任,他也成了对印度现代的历史命运最早的、最准确的预言:

"我们完全可以肯定的是:甘地的精神,要么高奏凯歌,得胜而返；要么再度重现，就像几个世纪之前的耶稣和佛陀（Buddha）形象，他们如半人半神一般地降临到人间，他们都是完美生命的最好化身，引领着新人，踏上了新的路途。"

五

而今天，把这样的一部传记作品，再次译成了汉语，希望其意义不仅是文学的、历史的，更应是精神的、意志的，甚或信仰的。罗曼·罗兰的其他传记，已经影响了很多的中国人，不分年龄与性别，但是，他的这几部涉及印度精神的传记，皆是第一次译成汉语，故尤为特殊。

因为，中国在近一百多年以来的命运之坎坷，丝毫不亚于印度。故甘地的精神：那种深沉的，深入了宇宙灵魂深处；那种传统的，几千年透迤而来，浸润过各个时代最优秀的人心而久垂不废的；它的永恒性，直接植入存在界的普遍性土壤当中。于是，出现甘地式人格的印度，对于我们的启示便拥有了极强劲的理由。

20世纪的中国文化气运翻转之际，很多人愿意把梁漱溟比作中国的甘地，作为传统精神的代表，一个行动的儒家，尤其是儒学在心学意义上的重新开出。梁漱溟的一段著名的话是"我生有涯愿无尽，心期填海力移山"，并有"以苍生为己念"的悲愿，入了这个世界来努力。或许，两人确实有一些相似，譬如，20世纪太虚大师于1940年出访印度，就会晤了甘地，时在2月13日，两人在甘地的纺纱声中交谈良久，彼时，太虚感叹道："中国现在进行抵抗外来的侵略，并已渐得胜利的把握；唯建成现代的，或胜进的国家，前途尚远。同时,也有人提倡乡村建设的运动,与甘地先生此间所提倡者略同。"显然,"提倡乡村建设的运动"就是指梁漱溟的举动。

最后,我们用一个甘地的小故事来结尾,看看一位波澜壮阔的圣者之心灵,究竟又是如何细腻:

一次,甘地坐火车外出,踏上车门的一瞬间,火车刚好启动,他的一只鞋子不小心掉到了车门外,甘地麻利地脱下了另一只鞋,朝着第一只鞋子掉下的方向使劲扔去;看到了这一幕的人甚是奇怪,就问他为什么这么做,甘地说:如果有人正好从铁路旁边经过,他就可以捡到一双鞋,这或许对他就是一个收获!

是的,这就是甘地,他给了自己扔鞋子的选择,也给了别人捡鞋子的机会,而大多数人都只会抱着没有用的鞋子,两头懊丧。

闻中

己亥年中秋古墩路

目 录

第一部分

一 \ 003

二 \ 005

三 \ 009

四 \ 014

五 \ 019

六 \ 028

七 \ 032

八 \ 040

第二部分

一 \ 051

二 \ 056

三 \ 062

四 \ 068

五 \ 075

六 \ 077

第三部分

一 \ 101

二 \ 106

三 \ 114

四 \ 121

五 \ 127

译后记 \ 133

第一部分

一

　　一双温和深邃的眼睛，一个身材瘦弱的男子，他面容清癯，眉骨突起，头戴白色小帽，身着粗布白衣，跣足而行。他饥食饭蔬，渴饮清泉。他席地而卧，睡眠极少而工作不歇。他的身体似乎对一切都不以为意。世上的一切，皆不足以燃亮他——除了要全心全意地表达"无限的忍耐和无尽的慈爱"外，彼时，W. 皮尔森（W. Pearson）在南非一见到他时，就不由自主地联想起阿西西城的圣弗朗西斯（St. Francis）。他有着近乎孩童一般的纯真。① 他举止文雅，温良而谦让，即使面对敌人也是如此。② 他诚心正意，无有瑕疵，不染俗习。③ 他谦逊克制，以至于有时候好像是怯弱迟疑于去做决断。

　　然而，你分明又可以感受到他内在的百折不挠、坚定强毅的精神。他不绥靖妥协，也从未文过饰非。他不惧怕承认自己的错误。他不懂外交辞令，避免各种各样的夸夸其谈，他也从来没有想过要如此行事。他下意识地回避专为歌颂他而组织的那些民众集会。直接一点

---

① "他笑起来像个孩子，他也确实非常喜欢孩子。"（C.F. 安德鲁斯）
② "没人能抵挡他的人格魅力。即使最激烈的反对者面对他优雅的礼节，也会变得谦恭起来。"（约瑟夫·J. 杜克）
③ "每与事实相违，无论谬误再小，他也绝不容忍。"（C.F. 安德鲁斯）

来说，就是"厌烦崇拜他的普罗大众。"① 他不信任多数派，害怕"暴民统治"和大众肆无忌惮而没有约束的激情。他只在少数人前才觉得自在，孤独的冥想带给了他最高的快乐，他可以倾听自己内在"安静而细微的声音。"②

就是这样的一个人，鼓舞起了三亿人民起来革命，撼动了日不落大英帝国的基石，把过去两千年来最强劲的宗教之原动力带进了人类的政治生涯当中。

---

① "他不是一个激情四射的演说家，他的态度是平和安定的，特别吸引那些有智慧的阶层。他的平静使得被讨论的议题得到最明亮的智慧光照。他讲话的语调并没有变化，但内容热切真诚。他也从没有做什么演讲的手势，实际上，他的手指头一动都不动。但他的意思清楚明晰，表达出来的句子简明扼要，足以使人信服。在没有把一个议题说得极清楚之前，他是绝对不会把它放过的。"（约瑟夫·J. 杜克）
② 这段引文见于甘地 1922 年 3 月 2 日发表在《青年印度》的文章。

二

他的原名叫莫罕达斯·卡拉姆昌德·甘地。1869年10月2日，甘地出生于博尔本德尔（Porbandar），阿曼海滨的"白色之城"，这是一座位于印度西北部的半独立的小城邦。他出生于一个热情洋溢且积极进取的种姓，时至今日，该邦的种姓内部仍是分立、割裂，甘地所属的种姓则讲求实际，且深谙经商之道，创建了从亚丁（Aden）到桑给巴尔（Zanzibar）所有的贸易通道。甘地的父亲和祖父都是当地人的商业领袖，他们因追求城邦独立而被迫远走他乡，生活经常动荡不安。甘地的家族经济富足，是属于有教养的社会阶层，但不算是高级种姓。

他的双亲都是印度的耆那教支派的信徒，信奉"不杀害"——亚希米萨（Ahimsha）①为他们的基本教义之一。这也是甘地将要向全世界夸胜的教义。耆那教相信，通向神的道路是爱而非智慧。甘地的父亲视钱财和物质为身外之物，几乎倾其所有乐善捐助，却没有给自己的家庭留下多少财富。他的母亲也是一位敬虔的妇人，经常斋戒，周

---

① "亚"这个前缀是"不"的意思，"希米萨"意即"伤害"。所以"亚希米萨"，是指非暴力不杀害，不伤害一切形式的生命。这是印度教最古老的戒律之一，由耆那教的创始人大雄倡立，佛陀也如此教导，毗湿奴神的门徒也都持守。

济穷人并看护病患,如同印度的圣伊丽莎白(Saint Elizabeth)[①]。甘地一家也经常诵读印度教的圣典《罗摩衍那》(Ramayana)。他的启蒙老师则是一位婆罗门,教他诵读毗湿奴(Vishnu)神的训章。在后来的岁月,甘地也曾后悔自己未能成为一名更好的梵文学者,他对英国人在印度推行的教育制度有诸多不满,其中之一,就是使印度人遗失了自己语言中最独特隽永的宝藏。虽然《吠陀本集》(Veda-samhita)与《奥义书》(Upanishads)等,他读的是译文,但他也在孜孜不倦地学习印度的神圣经典。

甘地在孩提时代,曾经历过一场严重的信仰危机。他好几次被印度人拜偶像时的种种仪规所震骇,以至于他变成——或者说他想象着自己变成了一个无神论者,为了证明宗教对自己毫无益处,他甚至和几个朋友去食肉,印度教认为吃肉是对神可怕的亵渎和不敬。为此,他因呕吐和坏疽几乎丧了性命。[②]甘地八岁订婚,十三岁结婚。[③]

[①] 匈牙利的圣伊丽莎白(Elisabeth von Thüringen,1207—1231),匈牙利公主,国王安德烈二世之女,童年许配图林根领主赫尔曼一世之子路易四世;1221年路易继位成婚,婚后生活美满;但不久路易随第六次十字军东征,1227年在军中死于瘟疫。路易之弟亨利执政,伊丽莎白出走投奔叔父。她之所以封圣,是因为她不求地位和财富,参加了方济会的第三会,在马尔堡成立济贫院,收容贫民和病人,为他们服务终生。关于伊丽莎白的传说甚多,常见的艺术作品显示她在进行慈善活动途中与亡夫之灵相遇,当时出现奇迹,她所携带的面包变成蔷薇花。——译者注

[②] 很久以后,他告诉约瑟夫·J.杜克吃肉之后他感受到了极大的痛苦。他无法入眠,觉得自己就是一个杀人犯。

[③] 甘地自己其实并不赞成童婚,他曾以童婚弱化族群体质为由发起过一场反对童婚的运动。虽然如此,他说也有一些例外的情形,这种在双方个性尚未定型前就封缄的盟约,会在夫妻之间建立起一种特别美好的琴瑟永和的生命联结。甘地夫人就是一个令人称羡的例子。她以永不动摇的决心和毫不屈服的勇气,和自己的丈夫共同承担所有的逆境和磨难。

十九岁时,他又被送到英国伦敦大学的法学院完成他的学业。在他离开印度之前,他的母亲为他订立了三条耆那教的戒律:戒酒、戒荤和戒色。

甘地于1888年9月抵达伦敦,在经历了最初几个月的漂游不定和光怪陆离的生活之后,他自己也说他浪费了大量的时间和金钱,试着成为一个英国人,他开始专心致志,努力做事,严格地规律化自己的整个生活。一些朋友送给他影印本的《圣经》,但是领悟它的时日还未到来。也就是在羁留伦敦期间,他第一次领略到了《薄伽梵歌》(*Bhagavad Gita*)的美。他被深深地感染了。这是漂泊在外的印度旅人一直在追寻的精神的亮光,于是,他重新拾起了信仰。他意识到自己只有在印度教中才能得到真正的救赎。

1891年,甘地回到了印度,这是一次相当悲伤的归家之旅,因为他的母亲刚刚离世,母亲的死讯一直隐瞒到他回来。没有多久,他在孟买的最高法院当上了律师。几年以后,由于看到其中的种种不义与堕落,他放弃了这里大好的律师生涯。但即使在他的执业过程中,他也常常明确地说,如果他自己认定了所辩护的案子是不公正的,他会保留放弃为这个案子辩护的权利。

在与各色人等打交道的职业生涯中,他也隐隐预感到了自己未来的使命。彼时,有两位人物对他影响至深:一位是当时"孟买的无冕之王"帕西人达达巴伊先生(Parsi Dadabhai);另一位则是戈卡尔教授(Gokhale)。戈卡尔教授是印度著名的政治人物,是提倡改革教育制度的第一人;而达达巴伊先生,据甘地说,是印度国民大会党真正的创始人。这两人都身具最高层次的智慧与学识,同时又是绝顶的质朴与和蔼。①

正是达达巴伊先生，他尽力磨炼甘地年轻的锐气，在 1892 年教导他"亚希米萨"的第一真义：英雄式的，加上非暴力的忍耐——假使这两个词能够结合在一起的话——要想在政治生活中打败邪恶，不是以暴制暴，而是用爱来降服。后面，我们将会讨论这个神奇的词汇"亚希米萨"，这应该也是印度带给全世界至高无上的福音了。

---

① 这两位先行者，已被后来的一代青年遗忘。他们的政治理想已被超越，甚至他们充当铺路石的努力也被否定。然而，甘地却常常念及他们的贡献，敬仰他们，特别是对戈卡尔教授，怀抱着深切的、近乎宗教般的热爱。他常常说，戈卡尔教授和达达巴伊先生应该受到所有印度青年的敬仰。参见《印度自治》(*Hind Swaraj*)、《致帕塞斯的信》,《青年印度》, 1921 年 3 月 23 日；另见《信仰的忏悔》, 1921 年 7 月 13 日。

三

甘地的活动可以分两个时期。第一个时期从1893年到1914年在南非，第二个时期从1914年到1922年在印度。

甘地在南非引领了二十多年的群众运动，欧洲世界并没有给予任何特别的关注与评论，这也足以证明了我们的政坛领袖、历史学家、思想家与信仰家们的目光短浅到令人难以置信的地步，因为甘地所谱写的灵魂史诗，在我们这个时代无与伦比，它不单蕴含了恒久而极致的牺牲精神，而且胜利的凯歌最终必将为它而奏响。

在1890年至1891年之间，有十五万印度移民侨居在南非，他们中的大多数人都把家安在了纳塔尔城（Natal）。白种人仇恨他们的到来，政府也鼓吹排外主义，颁布了一系列压迫性的措施，限制亚洲移民迁入的同时，又绝不允许已经定居在南非的移民离开。印籍移民饱受迫害，税赋奇高，生活也难以为继，他们忍受着最歧视人的警察条令与层出不穷的掠夺，他们的商店和产业不仅受到侵害和损毁，他们的身体也常常经受私刑的拷问，凡此种种，却都披着"白种人"文明的外衣。

1893年，甘地受委托，到比勒陀利亚（Pretoria）去处理一件要案。他尚不熟稔南非的情况，但他到达伊始的经历让他大跌眼镜。他在印度也算是不低的种姓,在英国和欧洲还受到了最高的礼遇,他也一直把白种人当成自己想当然的朋友。可是在南非,却突然遭受最为粗暴的冒犯与侮辱。在纳塔尔,他被人从旅馆和火车里拖拽出来,辱骂、击打与踢踹。要不是有一年法律约定的困缚,他恨不得马上就返回到印度去。他每一个月都得练习自我控制之术,他无时无刻不在希望自己的合同快点到期,这样就可以启程回国了。

但就在要离开的最后关头,他得知南非政府正在酝酿一份议案,以褫夺印度移民的选举权。在南非的印度移民绝望而无助,无法自我保护,完全陷入了组织涣散、士气低落的境地。他们缺乏领袖,也无人指引。甘地觉得自己必须责无旁贷地为他们辩护,离开他们是错误的、是懦弱的。失去权利的印度侨民的事业,就这样成为他自己的事业,他将自己委身于此,长留南非。

一场史诗般波澜壮阔的斗争,就这样拉开了帷幕,一方具有精神力量,而另一方政府的强权却要粗暴地凌驾于他们之上。作为一名律师,甘地的首要任务就是从法律的角度证明"驱亚法案"是非法的,尽管对手强大,并充满恶意,最终却是他赢得了诉讼。

他请人联名签署了大量与此相关的请愿书,在纳塔尔成立了印度人联合大会,并组织一个有关印度教育的社团。随后他还创办了一份报纸《印度舆论》(India Opinion),用英语和三种不同的印度语言发行。事情发展到了最后,为了更有效地服务于他在南非的同胞,他决定居留下来,成为他们当中的一员。

他本来在约翰内斯堡(Johannesburg)开设了一家利润可观的事务所(戈卡尔教授说过,甘地那时的年收入有五六千英镑)。他与圣弗朗西斯一样,舍弃了资财,与贫困为伴。他摒绝了一切牵绊,过着与印度移民一样窘迫的生活,共同品尝他们的患难。他教导印度人实行不抵抗主义,让他们觉得光荣,更有尊严。1904年,他在德班(Durban)附近的凤凰城(Phoenix)定居点,依循托尔斯泰的方法,建立了一个农庄。① 他召集自己的同胞,给他们土地,让他们庄严地立下安贫的誓言。他自己也承担着最卑微的体力劳作。

年复一年,这个农庄静默地抗衡着政府。它从城市里吸引了很多人归向它,国家的工业慢慢瘫痪,它也像一次宗教意义上的罢工,让暴力——让所有的暴力,都归为乌有,就像罗马帝国的暴政要摧毁初期的基督徒信仰时一样的无能为力。然而第一代基督徒很少会秉持爱和恕道去帮助危难中的逼迫者,而甘地却更加精进,以其善道而行之。一旦南非国家政府遇到了严重的困难,甘地就会取消印度移民不参与公共事务的禁令,以提供援助。1899年布尔战争期间,他组织了一个印度红十字医疗队,在战火中表现颇为英勇,两次受到了提名嘉奖。1904年,约翰内斯堡瘟疫横行,甘地又组建了一个临时医院。1906年,纳塔尔的祖鲁人(Zulus)爆发了起义,甘地又组织起担架队,并亲自在队伍的最前头来服役,纳塔尔政府以官方的名义向他致谢。

但是,这些纯洁无私的帮助并没有消除白种人的傲慢与仇恨。甘

---

① 托尔斯泰写给甘地的长信发表在《印度舆论》里。这封信于1910年9月7日他离世前不久写成。托氏读过《印度舆论》,他很高兴地读到关于印度不抵抗者的消息。他赞扬不抵抗运动是践行爱的法则,能启迪人类灵魂结成一体。他赞誉不抵抗运动,也体现了耶稣基督的律法,这是全世界的精神领袖都要共同遵循的律法。
我的朋友保罗·比罗科夫在莫斯科的托尔斯泰档案馆发现了另外几封托尔斯泰写给甘地的信件。他计划把它们结集成册出版发行,同时附录上托尔斯泰写给其他亚洲领袖的信札,取名为《托尔斯泰和东方》。

地经常被捕、被囚禁,①官方刚刚表彰他在战时的贡献和服务,他随后就被判处入监狱,做了苦役,他被暴徒鞭打,以至于别人以为他死了才离开。②但是没有任何凌辱和迫害,能让甘地放弃心中的理想主义精神。与此相反,他的信仰,因着这些试炼而愈加坚定。他对在南非所受的暴力给出的唯一回应,便是那本著名的小册子《印度自治》,此一册子于1909年发表。这本关于印度自治的小册子不啻为宣扬英雄主义大爱的福音书。

这场斗争持续了二十年,1907年到1914年是最为艰苦卓绝的阶段。1906年,南非政府不顾那些最睿智、最开明的英国人的反对,轻率地通过一项新的排亚法案。这直接促使甘地组织一场更大规模的不抵抗运动。

1906年9月,约翰内斯堡爆发了一场声势浩大的示威游行。集结起来的印度人都庄严地立下誓言,将不抵抗运动进行到底,当地的中国移民也加入到了印度人的队伍当中,所有的亚籍移民,不分种族、信仰、种姓和贫富,都以同样的热忱和克制精神,投身到这场运动当中。数以千计的人身陷囹圄,由于监狱的牢房不足以容下这么多人,以至于很多人不得已被囚入了矿坑当中。好像监牢对他们有着魔幻般的吸引力,他们的压迫者史莫茨将军(Smuts)也称他们为"一批有良知的反对者"。甘地三次被捕,在这期间也有人像勇士一样地

---

① 在《甘地的演讲和著作》第152—178页,甘地用平静幽默的口吻讲述他在监狱里的遭遇。

② 1907年,甘地受到自己同胞的暴力袭击,因为某些印度移民质疑他温和的主张,而政府也在竭尽所能地要他妥协屈服。故此,甘地一方面受到被压迫者的伤害,另一方面又承受了压迫者的暴力。

壮烈牺牲。① 不抵抗运动，就这样蓬勃发展起来，1913年，席卷了德兰士瓦（Transvaal）和纳塔尔全地。大规模的罢工潮和群众集会屡屡爆发，成千上万的印度人在德兰士瓦展开了全境游行，亚非两洲的公共舆论深受鼓动和感染。全印度的人民群情激奋，时任印度总督的哈定伯爵（Lord Hardinge）迫于舆论压力，最终向南非政府提出了正式抗议。

甘地那坚韧不屈的"伟大的灵魂"散发出奇迹般的魅力，也赢得了最终的胜利：暴力不得不向英雄式的美德屈服。② 那位最仇视印度人的史莫茨将军曾在1909年说过永不取消歧视印度人的法令，然而在五年之后的1914年，他不得不收回，承认要废除它。大英帝国的一个委员会支持了甘地的所有主张。1914年，南非政府颁布法令，取消了每人三英镑的人头税，同时又批准纳塔尔向所有愿意来定居的印度人开放，并且赋予工作的自由。历经二十年的牺牲、忍耐，不抵抗运动终获胜利。

---

① 约瑟夫·J. 杜克在他与甘地访谈录的最末一章，曾提到1908年甘地身穿囚服被带到约翰内斯堡的监狱，和身犯重罪的华人囚犯关在一起。
② 两位高贵的英国人C.F. 安德鲁斯与W. 皮尔森，在他们的能力范围内，尽全力帮助甘地的事业。

四

当甘地返回印度时,他已经赢得了时代领袖的声望。

20世纪伊始,印度的独立运动已经在有条不紊地稳步推进。1885年,一些思想开明的英国人在印度成立了国民大会党,其中有休谟先生(A.O.Hume)和威廉·韦德伯恩爵士(Sir William Wedderburn)。维多利亚时期的自由党曾给印度国大党一枚英国皇家印章,并试图整合印度人民和英国政府之间的诉求。但与此同时,日本在日俄战争中战胜了俄国,又激起了亚洲人民的民族自尊心和自豪感。印度的爱国者对柯曾勋爵(Lord Curzon)挑衅的态度深感愤怒。国大党内部分裂出了一个极端派,相对于全国总体的温和态度而言,他们的民族主义立场更加激进。然而,直到1914年"一战"爆发,原来的立宪派仍然在戈卡尔的领导之下,即便他拥护英国君主体制,他仍然是印度一位伟大的爱国者。

虽然代表总体民意的印度国大党支持印度自治,但以何种方式展开自治,党内的成员却意见分歧。一派成员相信英印双方要进行合作,而另一派要把大英帝国赶出印度。有人拥护类似加拿大一样的总督制,也有人坚持印度应该像日本那样成为一个独立的国家。甘地也提出自己的主张。它的宗教意义胜于政治意义,但骨子里比任何一种主张都激进。他的著作《印度自治》详细阐述了他的原则。但这个主张原本是依照南非的情形提出的,甘地意识到要参照印度的情况进行修正。他知道自己待在南非的时间太久,对印度当下的情形并不熟悉。但在南非,"亚希米萨"——非暴力已经被证明,它是战无不胜的利器。他下决心认真研习印度当下的情形,让非暴力这个武器更适用于印度本土。①

这时的甘地并没有和英国为敌。与之相反,1914年"一战"爆发时,他还去伦敦组织印人救护队。他在1921年的一封信中解释说,他真诚地相信自己是大英帝国的臣民。1920年他还向所有在印度的英国人发表了一封公开信,信中多次提到自己的这个态度。他说没有任何一个英国人能像他那样,在二十九年间如此忠实地服务于政府的公众领域。为了英国,他四次险些丧命,他也曾真诚地相信要和政府合作。但现在,他要做出改变了。

甘地并不是唯一一个经历过这种情感转变的人。

1914年,所有的印度人都被所谓"正义的战争"——这种虚伪的理想主义宣传所蒙蔽了。为了取得印度的支持,英国政府伸出编织希望的橄榄枝。是否给予印度人民期盼的自治,将取决于印度在战争中的态度和表现。1917年8月,开明通达的印度事务部部长蒙塔古(E.S.Montagu)承诺要在印度建立人民责任制的政府。一轮轮磋商紧锣密鼓地展开了,在1918年7月,印度总督切姆斯福德男爵(Chelmsford)和蒙塔古先生签署正式报告,在印度实行宪政改革。1918年初,同盟国的军队处境最为危险。同年4月2日,劳合·乔治

---

① 甘地挚爱的导师戈卡尔在去世前不久就建议甘地做一次环印旅行,了解第一手资料后再参与政治。甘地也保证一年之内不会积极参与印度的政治活动。

（Lloyd George）向印度人民发出请求书，位于德里（Delih）的战争委员会也在4月末，暗示印度独立的日子即将到来。印度人民万众一心，甘地也向大英帝国履行他效忠的承诺。印度方面派遣了985000名战士，蒙受了巨大的牺牲。她在等待着承诺理当给予的回报。

自这场大梦中觉醒过来，则是恐怖之事。1918年末，随着危机的解除，所付出的功绩也一一被遗忘。停战条约签署后，政府觉得没有必要再作假了。允诺过的自由，不仅没有落实兑现，甚至连原先已经享受的，也要被剥夺。德里的英印立法会议提出了罗拉特法案（Rowlatt's Act），这对整个印度是一种提防与猜忌，是一种巨大的羞辱，而印度却无数次地证明了自己的忠诚。这个法案力图永久实施战时颁布的临时国防法案，使得秘密警察、检查制度与戒严状态下各种令人生厌的暴虐措施长久生效。

全印度人民的怒火一触即发。非暴力不合作运动（Non-Cooperation）应运而生。①甘地将成为这场运动的精神领袖。

在此之前，甘地仅仅热衷于社会改良，他特别用心地改善农民的生存条件。在古吉拉特邦（Gujarat）的盖拉（Kaira），在比哈尔邦（Bihar）的恰蒂斯加尔（Chattisgarh），几乎没人留意，他已经成功地锻炼出日后为国征战的利器。这个武器就是非暴力不合作的坚强意志。甘地称之为"沙特雅格拉哈"（Satyagraha），我们稍后会详细研究它。

然而在1919年之前，甘地并没有积极参与国民大会党的活动。1917年是安妮·贝赞特夫人（Mrs. Annie Besant）领导国大党，最激

---

① 非暴力不合作运动也可以说是在1919年2月28日爆发。

进的一些成员越过了她，并在另一位了不起的印度人巴尔·甘加达尔·提拉克（Bal Gangadhar Tilak）的领导下重新集结起来，提拉克精力充沛，犹如一锭由三块铸铁熔化焠成的精钢，同时身赋强健的脑力、坚决的意志和高尚的品格。他的智慧也许比甘地更为精深，或者说，他受到亚洲古老文明更深的滋养。他是一个博学的人，一位数学家，他牺牲了所有的个人抱负，专门来服侍自己的祖国；和甘地一样，他并不寻求个人的声誉，一心盼望自己的政治理想实现之后，能退出政坛，重返他自己喜爱的科学研究工作。他在世的时候，是印度唯一的领袖。要不是他于1920年意外离世，谁敢断言印度日后的道路究竟会是如何？

如果提拉克不死，甘地毫无疑问只能成为运动的精神领袖，尽管甘地尊崇他的才能，但在方法和政见上又与提拉克大相径庭。假使有这样的双重领导，印度人民前进的道路将会是多么广阔！他们必定是不可阻挡的，因为提拉克是行动的导师，甘地是精神的导师。但是造化弄人！

这不单单是提拉克的遗憾，甚至是印度的，也是甘地的遗憾！

甘地内心的愿望与他的天性，更适合成为少数派，成为道德精英的领袖；他一定会更愿意让提拉克成为多数人的领袖，因为甘地从来不相信多数派。但提拉克相信，他是一位天生的数学家和策略家，他相信数字，他骨子里就是一位民主派。他也是一位果决的政治家，把宗教考量放置一旁。他主张政治并非为圣人而设。这位生活简朴的科学家会为了爱国主义而牺牲事实真相。像他这样耿直诚实、人格完美者，也毫不犹豫地说，在政治上，任何事情都可以变通。人们或许可以说，提拉克对于政治的观念和莫斯科的执政者亦有诸多相似之处。

甘地的理想就不是这样。

提拉克和甘地之间的辩论，清楚地揭示了他们截然不同的政治观点。虽然他们是如此正直、如此诚实的两个人，他们的冲突注定无法调和，他们的行为与处世，皆是建立在各自的信仰之上，而他们的信仰又是相互对立。他们互相尊敬，互相景仰。如果要决定真理和自由孰是孰非，或何者为先，何者为后，甘地一定会把真理置于自由之上，甚至高过他的国家，而提拉克却视国家的利益高于一切。甘地觉得不论他的爱国热情有多深沉，他理想中的信仰，用真理来表达，才更为伟大。

就像他在1920年8月11日所说的那样：

> 我和印度的生命结合，乃是因为我绝对相信印度对全世界都负有使命……我的宗教信仰并没有地域上的限制，我心里活生生的信仰，超越了我对印度本身的爱。①

这几句高尚的话语，就直接点出了我们现在所要讲述的这场精神努力的关键所在。它证明了这位印度的使徒，是全世界的使徒，他与我们合为了一体，圣雄甘地要领导的这场斗争，持续了四年之久的战争，其实也是我们的战争。②

---

① 甘地于1920年8月11日，反对刀剑出真理，反对暴力运动。
② 甘地在《宗教的伦理》中写道："全人类同为一体。虽然人们分属不同的种族，但种族的地位越高，其承担的责任就越重。"

五

我们应当晓得，当甘地步入政坛成为反对罗拉特法案的领袖时，他内心仅仅是希望国家避免卷入战祸之中。但革命终究要发生，他也知道最终无法阻挡得住。

故此，唯一的解决之道，就是要把它导入到非暴力的正途上来。

为了更好地理解彼时甘地的活动，我们需要明白甘地的主张，犹如一幢有着两层空间的宏伟建筑。

第一层是牢固的地基，是坚如磐石的宗教信仰。而第二层的政治与社会性活动，则是建立在这个宽广而永不动摇的基石之上。它们并不是这个隐形地基上最理想的衍伸层，却是当下最好、也是最合适的结构。因为，与时代的精神完全契合。

换言之，甘地的天性就是属灵的，他的主张从本质上来说，就是宗教意味的。时代需要他成为一名政治领袖，其他的领袖已经故去，环境的力量最终驱使他驾驭这艘大船渡过时代的惊涛骇浪，他的主张必须被赋予实质的政治含义。这种发展是耐人寻味的，这座建筑最重要的部分乃是其深沉而坚固的地基，它是要来承载庄严宏大的圣殿的，而不是用来承载那些仓促搭建的上层建筑。故唯有地基是持久而耐用的。别的建筑都是临时搭成，只是为了预备在过渡期内使用，等到与地基相匹配的巨大庙宇竣工之日,它们就需要被毁弃。故此,我们应当明白这一地基的建造原则,因为这才是甘地思想的真正内涵。甘地每日从这深深的地基中汲取勇气、汲取力量,以承载这些上层建筑的复杂工作。

甘地的信仰和他的同胞一样,他也是信仰印度教。但他不是一个教条化的神学家,故不拘泥于经文的解释,他也从来不是一个盲从的信徒,全盘接收所有印度教里的传统沿袭下来的教义。他的宗教信仰必须满足自己的理性拷问,并符合他的良心自觉。

"我不愿意宗教信仰成为一种偶像崇拜,也不愿用它圣洁的名来宽恕罪恶。"

"我信奉印度教的经典,但我不认为它的每一个字词、每一个章节都是天授神启。不论是何种诠释,如果有悖于理性或是有悖于道德,我必不会受它约束。"

而且,甘地也从不把印度教看成是唯一的宗教,这一观点非常重要:

"我不认为《吠陀经》是唯一独尊的神圣经典。我也相信《圣经》《古兰经》和波斯的《阿维斯陀》,它们与《吠陀经》一样,都是受神的启示而出。印度教并不是一个独断论的、传教士式的宗教。在它里面有足够的余裕,可以崇拜世界上所有的先知……印度教也教导人们,用自己的信仰或者达摩来敬拜神,但它与所有的宗教都是和平共在的。"[①]

[①] 一切的宗教都是殊途同归。(摘自《印度自治》)所有的宗教都建立在共同的道德准则之上。我的宗教伦理,就是由这种以坚固世上众人的法则所组成的。(摘自《伦理的宗教》)。

甘地洞察无数世纪以来的那些潜藏于宗教里面的错误与罪恶，他逐一标注，并补充道：

"要想好好描述我对印度教的感情，没有比用我太太的例子更合适的了。世上没有一个女子能像她那样让我感动至深。她并不是没有过犯，我敢说甚至比我自己身上的还要多。但蕴藏在我们之间的是一种坚不可摧的情感联结。

"我对印度教的感情更甚于此，纵然它有着诸多的错误和局限。没有任何音乐能像图拉士达斯（Tulasidas）① 所吟诵的《薄伽梵歌》，或者《罗摩衍那》那样激荡人心，这也是我唯一通读的两部印度教的经典。我知道，时至今日，在所有伟大的印度教的神庙当中，仍然有不少的罪恶，它们虽不免有种种的遗憾，我却仍心怀深爱。我是完完全全的改革者。但我的热忱，却从来没有排斥印度教所教诲的那些最核心的本质。"

那么，甘地所信奉的究竟是什么样的核心本质呢？甘地曾在1921年10月6日专门撰文，阐释他心目中的印度教教义，他说：

1. 自己相信，"《吠陀经》《奥义书》《往世书》，以及所有被奉为经典的印度教典籍"。因此，他也相信神灵的化身与重生之灵性意义。

2. 他相信"瓦尔纳-亚士拉玛-达尔玛"（Varna-Ashrama-

---

① 图拉士达斯（1532—1623）是一位著名的印度教诗人，他曾撰有《罗摩新传》（Ramcharitmanas），被认为是蚁垤仙人再世。他也极爱妻子，须臾难离。据说，有一次，他的妻子回了娘家，因思念妻子心切，他便连夜赶去看望。深夜抵达，大门紧闭，他只得攀绳而上。放下了绳子，他才发现，刚才握在手中的竟是一条毒蛇。在印度，其诗名遐迩传遍，几乎无人不知、无人不晓。——译者注

Dharma）①，其意思就是"种姓之律法"，他认为，"种姓之律法"是有严格的吠陀含义的，这与时下"流行的、粗浅的"含义未必尽相吻合。

3. 他相信，"对母牛的保护。'保护'二字的意思，比一般人们所理解的要更为深广"。

4. 他并不反对"偶像崇拜"。

每一位重视"甘地信经"的西方读者，在读到上面这些文字时，都很容易感觉到这种精神和西方传统的不同，由于缺乏共同的尺度来衡量，这种精神在时间和空间上都和我们相距甚远，无法和我们的宗教理想做比较。但如果继续阅读下列文字，就会发现以下的表述更加亲切而熟悉：

"我深信印度的古老箴言：凡是未尝达到完全的'不杀'（Ahimsa），完全的'真实'（Satya），完全的'自律'（Brahmacharya），并且没有舍弃一切的物质财产，都不能掌握印度圣典的真谛。"

在这里，这位印度伟人的教导与福音书的教导不谋而合。甘地也觉察到这二者的共通之处。1920年，一位英国的牧师曾问甘地哪一本书或哪一位人物影响他最深，甘地回答道：《新约全书》。"②

在《宗教的伦理》之结尾处，甘地引用了《新约全书》中的经

---

① 从字面的意思来解释，Varna-Ashrama-Dharma，意味有三：第一，Varna（音瓦尔纳）即肤色、阶层或者种姓；第二，Ashrama（音亚士拉玛）即建立原则之地；第三，Dharma（音达尔玛）即正法，宗教。该词意味着社会阶层，代表种姓律法。

② 1920年2月25日，甘地又补充道："影响我的，还有拉斯金和托尔斯泰。"

文。① 他声称自己是在1893年读到了耶稣的"登山宝训"之后，得到了重要的启示，才提出来消极的抵抗主义。② 那个英国牧师询问他是否在印度圣典中找不到同样的信息，甘地回答说，每当他从自己非常尊崇的《薄伽梵歌》里得到启示和指引时，《新约全书》教导他的消极抵抗的秘义便更加明晰起来。他说，当他领悟到不抵抗主义的真谛时，一股巨大的喜乐涌上了心头；而当《薄伽梵歌》印证了他的领悟时，同样的喜乐再次席卷了他。③

甘地也说到托尔斯泰的"天国在我们的内心"这一理想，也曾帮助他把自己的信仰锻造成一种实践性的主张。④

我们也不应该忘记托翁的这位亚洲信仰者，他也翻译了拉斯金（Ruskin）⑤与柏拉图（Plato）的作品，⑥ 他也曾引用梭罗（Thoreau）的文章，他欣赏马志尼（Mazzini），品读过爱德华·卡朋特（Edward

---

① 你们要先求神的国和神的义，你们所需的，都要加给你们了。(《马太福音》6章33节)
② 见1920年2月25日的《青年印度》。
③ 在1908年，甘地对约瑟夫·J.杜克说过神在不同的时代，而化身为不同的形态，因为克里希纳神在《薄伽梵歌》里曾开示道："当宗教堕落、沉沦，非信仰的精神遍地流行，我必定要现身。为保护一切的善，为摧毁一切的恶，为建立正法，我必须一生再生，永无穷尽。"基督教义只是甘地宗教思想的一部分。耶稣是神的光明启示，但并不是唯一的启示。他不是独自一人坐在神的宝座上的。
④ 在《印度自治》这本书里，甘地列出了一份托尔斯泰著作的清单，他向自己的追随者推荐了六十本作品，其中就包括《天国在你心中》《什么是艺术》《那么我们到底怎么办》。他告诉约瑟夫·J.杜克说，托翁对他影响至深，但是他并不赞同托尔斯泰的政治理想。1921年，曾有人问到他对托翁的看法，甘地回答说："我全心全意地敬仰他，从他那里受益终生。"(1921年10月25日《青年印度》)
⑤ 他特别喜欢拉斯金的《野橄榄花冠》。
⑥ 甘地翻译过柏拉图的《申辩篇：苏格拉底的辩护词》，印度的英国殖民当局在1919年把它列为禁书。

Carpenter)的作品,简言之,他对欧美最杰出的那些文化精英,都能如数家珍般地熟稔。

假如一个西方人能不怕麻烦,愿意对甘地的思想做稍加深入的研究,他没有理由不理解甘地的思想,就像甘地如此熟悉我们西方伟人的思想那样。

如果只是涉入甘地对印度教传统的信仰,其字面上的意思确实会使我们惊愕。事实上那些话语,若只是粗浅地阅读,难免会与西方人的信念不同,好像欧亚两地的宗教理想之差异,其鸿沟是如此地不可逾越。

有一段话提到了对牛的保护,而另一段话则提到了种姓制度。关于甘地对偶像崇拜的见解,并不需要什么特别的研究就可以把它说清楚。甘地说他的态度是对偶像并不心怀敬意,他只是相信偶像崇拜是人性合理的一部分。他视之为人性的弱点,因为人类都追求象征,都需要把信仰物质化之后,才能够真正了解它。当甘地说他并不反对偶像崇拜时,他的意思也不过就像我们认同的,在西方教堂里的各种宗教仪式、仪规一样,如此供人踏上了灵性之道路而已。

甘地认为,"对母牛的保护",是印度教不争的事实。他把这看成是"人类演化史上最奇妙的现象"。为什么?因为他把牛当成是整个"次人类世界"的象征。保护牛是人和"他的哑巴兄弟"订立的一份同盟契约,彰显了人与动物之间的友爱。按照甘地优美的表达,通过学习尊重与敬畏动物,"人类超越了种属的界限,进而与世上的所有生灵化为了一体"。

在诸多动物中,唯有牛被拣选出来,这是因为,在印度,牛是最亲近人类的,它带给人以富足。它不单产出牛奶,而且还躬耕稼穑,参与艰苦的农事。甘地在这一"温和的动物"身上，看出了"一种怜恤的诗意"。

但是，甘地对牛的崇拜，并没有偶像崇拜的意味。很多所谓的信徒都没有像他那样严厉地遣责盲目崇拜，他所遣责的是那些徒有形式的崇拜，而没有真正怜恤这一"上帝创造的哑口的生灵"。如果有人能像甘地那样心怀慈悲，把牛看成是人类不能开口说话的弟兄或伙伴，——如果有人能比阿西西城的波维罗更懂得这种情感，就不会奇怪甘地为何在他的信仰告白里如此浓墨重彩地强调牛的保护。由此看来，他说牛的保护是"印度教带给全世界的礼物"是合乎情理的。《圣经》上也训诫"要爱邻舍，如同爱自己"，甘地再添加一句说："每一个生灵，都是你的邻舍。"①

一个欧洲人或者是西方人，很难理解甘地对种姓制度的信仰——相对于所有生灵，都是人类的伙伴这一思想而言——他们对此会更感到一种陌生。或者契合"今日之欧洲或西方的思想"的说法更为贴切，因为我们现在还相信某种程度的平等，只是我们常常见到以民主之名行事，结果却衍变成的无民主之实，上天会预言我们将来会遭受的后果，况且我们现在也在备受其害。

现时我并不幻想甘地的种姓观念经我一番解释之后，便可以被大众接纳，我也不急于求成。但我还是要说明甘地的种姓观念和我们平常所理解的"种姓"完全不同，因为他的观念，并非出于虚假的社会优越感，或者虚荣自大，而是出于一种社会的责任意识。

---

① 关于对牛的保护，可以看《青年印度》，刊载于1920年3月16日，6月8日，6月29日，还有1921年5月18日，10月6日。而关于种姓的论点，则刊载于《青年印度》1920年12月8日，1921年10月6日。

甘地说："我倾向于认同遗传的定律是一种永恒的规律，任何的变更，都会导致完全的纷乱。种姓制度是人性的内在固有的遗传。印度教不过是把它简化成一门科学而已。"

甘地相信阶层的四种分制：第一种姓是婆罗门，是知识分子和精神阶层；第二种姓是刹帝利，是军界与政界的阶层；第三种姓是吠舍，是工商阶层；第四阶层是首陀罗，是劳力阶层。这样的分级并不意味着孰高孰低。它仅仅是代表不同的职业分工而已。"这样的分级为的是要限定各自的责任，而不是赐予某些人以特权。"[①]

无端地把人的身份划定成高贵或者卑贱，其实与印度教的经义相悖。人生来是要服务于神的创造，婆罗门用他们的学识，刹帝利用他们的强权，吠舍则施展商业的才能，而首陀罗贡献出身体的气力，如是等等。

这也不意味着婆罗门可以免除身体的劳作，婆罗门首先是拥有学识的人，因着天赋和修行的缘故，他们最合适把知识传授给他人。同样地，这也不妨碍首陀罗习得他渴求的任何知识。只是他最适合用体力服务于人，而无须嫉妒他人的才能。拥有知识的婆罗门若自矜自夸，则会从神坛跌落，重新沦为无知。种姓制度是自我克制，并能守护财富和能量。

故此，甘地的种姓体系是克己内敛的，而不是放纵特权。而且，更不应该忘记在印度教的教义中，转生会重新建立总体上的平衡，在诸世累劫的轮回当中，一个婆罗门会变成一个首陀罗，反之亦然。

这样的种姓体系以相同的等级次序，涵盖了不同的阶层，在印度

---

① 这也和《奥义书》的记载相符，当最初的阶层历经几百年固化成高傲的贵族时，这些印度经典也表达了不满和反对。

人看来,"不可接触者",或者说贱民,则完全被摈弃在这套体系之外。我们在以后的篇幅里会探讨甘地为贱民们发出的强烈的呼吁。他领导的运动为"被压迫的阶层"谋福利,这是他使徒生涯中最令人动容的一面。

甘地把贱民体系看成是印度教的毒瘤,是教义精髓的邪恶变种,他急欲除之而后快。

"我宁愿自己粉身碎骨也不愿离弃我那饱受压迫的阶级弟兄……我不想要来世,但如果一定要我转生,我宁愿成为一个'不可接触者',这样,我就可以共尝他们的悲痛、苦难与羞辱,使我能够竭力奋斗救他们脱离悲惨的苦海。"

甘地收养了一个小"不可接触者"做女儿,他常用慈爱的口吻,提到这个七岁的小丫头如何童言无忌,如何喋喋不休,在家里什么都要管一管的样子。

六

在他印度教信仰之下所激动的,是甘地那颗伟大的福音全备的心灵,对此我已无须再做赘述。实则,甘地是更温和版的列夫·托尔斯泰,更抚慰人心,所以,我斗胆地说,他也更符合基督徒的样式。因所禀之天性而言,托尔斯泰并不是一个天生的基督徒,而是其坚强的意志力使之然也。

在谴责欧洲和西方的文明上,他们是完全相同的,只是托尔斯泰的影响更大而已。

大体从卢梭开始,西方文明就被最开明的思想家所抨击。当亚洲的力量开始觉醒,并反抗西方的压迫时,它只需研读欧洲自己的文献就可以汇编出一套令人骇异的文化入侵的罪恶记录。甘地亦曾如此行事,他在《印度自治》里面,就罗列出了一份书单,其中很多著作都是英国人自己撰写的专门来谴责欧洲文明的。书中的记载无可辩驳地追溯出欧罗巴敲骨吸髓般的种族压榨和劫掠,形形色色骗人的主义与思想,更有甚者,它还深刻地揭露了欧洲厚颜无耻的种种谎言,贪婪无度,暴虐成性,与上一次的世界大战显露出来的丑陋如出一辙,而那场战争却被称为是"捍卫文明之战"。它深深地沉迷其中,以致大行癫狂,居然赤裸裸地把罪行向亚洲和非洲的人民袒露无遗。他们看在眼里并加以审判。

"这一次的大战,除了揭示撒旦的本性[①]在今日的欧洲文明中占主导地位之外,其余的一无所示。公共道德规范被胜利者们以维护美德的名头践踏。没有一个谎言会因为污秽而被噤声。一切罪恶的动机都不是宗教的,不是精神的,全是卑鄙的物质的利益之计算……今日之欧洲,只是名义上在追随耶稣基督,实际上,却是在敬拜财神玛门。"

在过去五年中,在日本和印度,你会发现这个观点被多次表述着。领袖们过于谨慎,不敢公开发声,但他们的举止态度都表明了最深切的认同。这还不是1918年付出了惨重的代价后所获得的胜利之贻害最小的后果。

早在1914年"一战"爆发前,甘地就已经看穿了西方文明的真实面目。它的假面具在二十年的南非运动斗争生涯中,已被揭穿,1908年,甘地在《印度自治》中就直陈现代文明为"巨大的罪恶"。

在西方,甘地说,文明只是徒具其表而已。实际上,它们与古印度教所宣称的黑暗时代的种种特征非常吻合。物质上的安适与满足成了人生的唯一目标。它们蔑视精神上的价值,它们还让欧洲人发狂,使他们只知道崇拜金钱,这些所谓的文明,阻碍了人们寻求内心的和平,也无力培育出人们良好的品质。西方意义上的文明,其实还是弱者与劳工阶层的地狱。它们在大口大口地吞噬着人类的活力。但是,这种撒旦式的文明最终只会导致自我的毁灭。西式文明才是印度真正的敌人,而远不是那些英国人。因为,就每一个个体而言,英国人并

[①] 甘地经常提到撒旦,"贱民制度就是魔鬼撒旦创造的"。他在1921年6月19日说。

非生来是恶的，他们不过是受了自己文明熏陶所累。甘地批评那一班欲将英国人驱逐出境，然而却用欧式标准来发展与教化印度文明的爱国者。他说，这犹如褪去了老虎的皮，却偏又保留了老虎的秉性。印度的目标，应该是摈弃西方的文明，而不是西方的人。

在甘地对西方文明的诘难中，他特别刻画了三类人物：执法者、医生与教师。

甘地之所以反对那些教师，其实是很容易理解的，因为他们使印度人蔑视和轻看本民族的语言，抛弃了真实的启示性精神；事实上，他们把某种民族自卑感强加给所管教的在校学生那里。他们只重视知识的教育，忽视了培育心性与锻炼品行。他们最终又轻视起了身体的劳作，在这个百分之八十的人口都是农民，百分之十的人口都是工人的国家里，单单推行这种纯知识的教育，这本身就是一种不打折扣的罪过了。

执法者这种职业也是不道德的。在印度，法庭成为英国人统治印度的有力工具之一；他们总是在印度的人与人之间鼓动纠纷，制造和扩大印度人之间的误解和仇恨。他们养肥了自己，攫利盘剥，体现出了最丑陋的人性之恶。

对于医生这个职业，甘地承认他一开始也是心生向往与敬重的，但是很快，他就意识到这个职业并不光荣体面。因为西方的医学仅仅是减轻身体的痛苦。它们并没有致力于去除疾病和疼痛产生的根本原因。通常言来，病因无一例外都是由不良的生活习惯造成的。实际上，我们差不多可以说，西方的医学非但无功，反而是助长了人类的恶习，因为它能让人用最小的风险，来满足自己的激情和欲望。故此，它的实际贡献，无非是让人丧失了斗志，消磨掉人们的意志之力,用所谓"黑暗的、神秘的"处方来治病,而不是依循身心的规律,来强健人们的体魄与精神。①

为了反对西方的这种假医学,甘地对它的批评也时常有点过火,他是寄希望于预防的医学。他写了一本名为《打开健康之门》(*Key to Health*)的小册子,这是他累积了二十年生活经验的成果。这既是一篇治疗性的论述,同时也是一篇道德意义上的文献,因为,依据甘地的见解,"疾病云云,其实是我们各种行为的结果,同时,也是我们思想与观念的产物"。他认为建立某些法则来预防疾病,是相对简单的事情。因为所有的疾病,都是同根同源,都是人们忽视了健康的天然法则所致。身体,是神的圣殿。我们应当使之洁净。

此处,甘地的见解固然有一定的道理,但他也有点过于固执,他不肯接受那些已经被证实并行之有效的药物和治疗。他在道德上的观念,也是极端的严苛,近乎苦行。②

---

① 不要忘记甘地反对西方医学主要的理由之一,其实是反对它的活体解剖,他谴责为"人类最黑暗的罪恶"。
② 特别是在性关系上,甘地的主张和圣保罗的严格主义不谋而合。

七

但是,现代工业文明的核心,究其本质,是机器。这是一个钢铁的时代!铸铁为心的时代!机器成了一个巨大的偶像。一定要把它去除。

甘地最热切的盼望,就是要看到在印度再无机器容身之所。相较于一个获得了自由的,但是承袭了英国机器工业的印度,甘地显然更钟情于一个依靠英国市场的印度。他愿意印度去购买在曼彻斯特生产的物资,而不愿意在印度设立曼彻斯特式的工厂。一个印度的洛克菲勒,也并不比一个欧洲的资本家强多少。机器是奴役各大民族的大罪恶,而金钱则是一种毒物,与性的罪恶同出一辙。

然而,印度的革新派却深受现代思想的熏陶,他们不免要问,假如没有铁路,没有轨道电车,或者现代工业,印度将会变成一种什么样子呢?对此,甘地反问道,在这些东西尚未发明之前,难道印度就不存在了吗?千百年来,印度独自却毫不动摇地在帝国变迁的历史洪流之中,一直屹立不倒。过往的一切虽已烟消云散,但千百年来的印度人已经学会了自我的控制之术,掌握了幸福的科学。她已经不需要再学习他国了,她也并不需要大城市的机械文明。她昔时的荣华,乃是建立在犁耙、纺车,以及印度的哲学知识之上的。印度必须要回归到自己古老的文化当中汲取灵泉。当然，这非一蹴而就之事，而是需要逐步渐进的过程。而且，每一位印度人都应当帮助这种演化的进程与实现。

这就是甘地的基本论点。

它极为重要，而且需要被深入探讨。因为它实际上代表了对欧洲科技进步与成就的根本否定。[①] 这种尚且停留于中世纪的观念，显然会撞上如火山爆发般的人类思想前进的步伐，并且极有可能被碾为齑粉。但首先更睿智的说法是，"前进到某个阶段的人类思想"，因为如果你也如我一样相信，整个宇宙的精神实质，它就好比是一曲和谐的交响乐章，每一个个体都要意识到，它是由许多不同的音韵共同谱写而成，每一个声音都只吟唱属于它自己的声部。我们年轻的西方世界在唱响自己的旋律时，没有充分意识到自己并不是一直在领唱的，自己前进的法则，也一样受到亏蚀、退步与重启的限制；人类文明史真的是人类多种文明交错唱响的历史，当一种文明占统治地位，并取得了可以看得见的进步之时，这种进步也是不规则的、混乱的，甚至支离破碎的，有时会完全停滞不前，倘若说一种伟大的文明统治其他的文明，理所当然就是人类的进步，那显然是步入歧途了。

但是，我们这里没有必要去讨论欧洲人对进步的定义，只需记住这个定义的本质，是与甘地的信仰互相冲突的，我们也必须知道，没有任何的冲突会消磨他的信仰。不相信这一点，将会全然忽视东方思

---

① 虽然甘地不认同欧洲的科技，但他也意识到科技成就的必要性。他赞赏科学家们无私无欲的热忱和牺牲自我的精神，经常说他们的自制力比印度教的信徒还要伟大。虽然他钦仰他们的精神但他不认同他们追求的目标。在甘地和欧洲科技之间有明显的鸿沟，关于这一点，在后边我们将看到泰戈尔如何反对甘地的中世纪观念。

想的运行方式。正如法国作家约瑟夫·戈比诺（Joseph Gobineau）[①]所言："亚洲人在任何方面都比我们固执得多。如有必要，他们会等待几个世纪来实现自己的理想，当经过长时间的蛰伏取得成功之后，理想并没有褪色或丢失了任何的活力。"

而且，好几个世纪对于印度人而言还真的不算什么。甘地准备好了，自己的事业或许在一年之内取得胜利，但他同时也接受了一个长达几百年的进程。他似乎并不急于求成。如果时势只要求缓缓而行，他也会依着时间的节律来调整自己的步伐。

故此，在运动的进程中，如果甘地发觉印度还未充分地预备好来理解和实行他所要实施的激进变革，他就会让教义适应环境。他会等待属于他的时刻的到来。所以，我们在1921年听到他如下的谈话就不会感到惊讶了，他说：

"我不会因机器的消失而哭泣，或者觉得这是一个什么灭顶之灾。但现时，我对机器也并不存这样的设想。"

或者，他还这样说道：

"全然彻底的爱，是我这一生所要遵循的律法。但我并不用我倡导的政治途径来宣扬这条终极律法。我知道，任何这样的尝试注定要失败。寄希望于所有的男男女女马上就服从这条律法，这是不明了全然彻底的爱是如何运行的。……我并不是一个空想家。我自认为是一个实干的理想主义者。"

[①] 约瑟夫·戈比诺（1816—1882），法国外交官、作家、人种学者和社会思想家，所倡种族决定论之说，对后来在西欧发展起来的种族主义理论，及其实践活动曾产生巨大影响。有《人种不平等论》(Essai sur L'inegalite des Races Humaines) 传世，影响甚大。——译者注

甘地对人的要求，从未超出人所能给予的。但他对自己的要求，则是要给出全部的。在人类的民族当中，有着如此丰饶的像印度这样的民族——这是一个神奇的民族，物博人众，毅力坚韧，而且还灵魂高远。从事情的最初，甘地就与自己的这个民族订立了一个盟约，彼此之间无须言传。甘地知道印度所能做的，而印度也准备照着甘地的吩咐，倾其所有。

在印度与甘地之间，最首要的标志，便是绝对目标的一致，即"斯瓦拉吉"（Swaraj）：国家自治。①

"我知道，"甘地曾说，"自治是国家的目标，而非暴力却不是。"他还补充说道，从他的嘴唇里，总是会说出这些富有深意的话语，"我宁愿看到印度靠武力而获得自由，也不愿意见她如同外国侵略者的奴隶那样被受缚、被捆绑。"

但是，他立刻更正了自己，这是一个不可能的假设，因为武力决不能使印度得自由。唯有灵魂的力量才能赐予印度以自治：斯瓦拉吉。这是印度真正的武器，爱和真理是攻无不胜的利器。甘地则是用一个梵文词汇"萨蒂亚格拉哈"（Satyagraha）来定义真实与爱的力

---

① Swaraj，音为"斯瓦拉吉"。斯瓦（Swa），自己；拉吉（Raj），政府，自主。这个词与《吠陀经》一样的古老，是甘地的导师帕尔西人达达巴伊引用它，并使它成为一个政治词汇。

量。① 当甘地传扬这种古老的福音时，他向自己的人民也启示出了真实与爱的本质，还有其中深藏的力量，他罕见的天才也借此而展现了出来。

在南非时，甘地也曾用过"萨提雅格拉哈"这个词来解释他的理想和消极抵抗之间的不同。重点尤其要放在区分这是两种不同的运动。把甘地的运动称作消极抵抗，没有比这更谬误的了。这位永不疲倦的斗士，是最具有英雄主义的反抗者了，没有人比他更恐惧消极主义或不抵抗了。他运动的灵魂实质，是积极的抵抗，这个抵抗自带武器，但不是暴力，这个积极的力量是爱、信仰与牺牲。这三者熔铸的能量，就体现在"萨蒂亚格拉哈"这一个梵文词语当中。

不要让那些懦夫也试图用甘地的旗帜，以遮盖自己的懦弱！甘地会把他们逐出运动之外。宁可用武力也不可畏怯！

"如果只能在武力和怯懦中二者选一，我会选择武力。……我培养那种不用杀戮就能置人于死地的静默的勇气。如果一个人缺乏这种勇气，我会劝他杀人或者被杀，好过于羞耻地逃离险境。因为逃兵犯的是精神暴力之罪，当逃兵是因为当他杀人时丧失了不怕被人所杀的勇气。"

---

① Satyagraha，音"萨蒂亚格拉哈"，萨蒂亚（Satya），公义，真理；格拉哈（Graha），尝试，努力。合起来就是公平与公正的努力，意思是不接受或反对不公正。甘地在1919年11月5日，定义它为"坚持真理，或是真理的力量"。他后来又补充说道"我也定义它为爱的力量，或灵魂的力量"。——原注. 此属于甘地的重要号召之一，他有著名的十一大号召，其分别为：1. 真理（Satya）；2. 非暴力（Ahimsa）；3. 禁欲（Brahmacharya）；4. 不偷盗（Asteya）；5. 不占有（Aparigraha）；6. 体力劳动（Sharirashrama）；7. 控住味觉（Asvada）；8. 无畏（Abhaya）；9. 法性不二（Sarva-Dharma-Samanatva）；10. 抵制运动（Swadeshi）；11. 废除不可接触制度（Asprishyatanivarana）。——译者注

"我宁愿千百次地冒险使用武力也不愿整个民族萎靡不振。……我宁愿印度诉诸武力捍卫荣光也不愿她懦弱畏怯沦为蒙羞无助的受害者。"

"但是,我相信非暴力无限地超越暴力,宽恕远比惩罚更具有男性的气概。宽恕是战士的勋章。在拥有责罚的权柄时不责罚,才是一种宽恕;一个软弱无助的人,自以为可以宽恕,那是毫无意义的。我不相信印度是软弱无助的。十万英国人是吓不倒三亿印度人民的。"

他还说道:

"力量并不来自膀大腰圆的身体,而是源自一种不屈不挠的意志的品质。非暴力并不是温顺地屈服于作恶者的意愿,而是竭尽个人的全部力量来反抗暴君的旨意。在这样的生命法则下来行事,每一个个体才有可能抵抗一个不公平的帝国,不畏惧于它的权力,并为帝国的坍塌,或者重建,夯实重要的基础。"

但是付出的代价是什么呢?是受难——这一个伟大的法则:

"受难,是人类在世的印记。这是一个永恒的法则。……孩子降生,故母亲受苦。生命的出现,常有死亡来开路。种子入地死亡,才有庄稼的蓬勃生长。没有一个国家的崛起是不经过苦难之火的淬炼的……我们不可能废止受苦与磨难的法则,它是生命不可或缺的条件。进步是用所经受的苦难之数量来度量的……苦难越是纯粹,进步也就越是巨大。"

"在坚忍的非暴力中行动,即意味着有觉知地、有意识地去经受苦难……我已经将邃古以来的自我牺牲与受难的法则,大胆地摆放在了印度人民的面前。

"在暴力的丛林当中,那发掘出非暴力法则的印度之先哲们,是比牛顿还要伟大的精神天才，是比惠灵顿将军还要伟大的无畏勇士。他们在已经明了武器功用的同时，也意识到武器与暴力的局限与无用之处，他们借此启示出了救赎一个无望的世界，并不需要依靠暴力，而是要借助非暴力的手段………非暴力的宗教，不单单对哲人和圣人有价值，它对普罗大众同样有着巨大的利益。非暴力是人性的法则，而暴力则是禽兽的律法。人的尊严，要求我们顺从一种更高尚的法——一种通往精神性力量的法……我希望印度是带着力量与权柄的觉知，来推行它的非暴力的法则。我希望印度能够意识到她有永不朽坏的灵魂的力量，她能够战胜一切肉体上的软弱，并藐视这个世界上一切肉体的联盟。"[①]

甘地对印度至高无上的自豪，引以为傲的挚爱，也要求印度能够看清暴力为不配，并准备着随时牺牲他自己，非暴力是印度崇高的标志。如果印度丢弃了它，必定会失败。而甘地显然无法忍受这种思想。

"如果印度将暴力奉为圭臬，我将不会在此间居住。她将不会激起我任何的骄傲和自豪。我的爱国心只服从于我的宗教信仰。我愿像一个孩子紧紧依偎在母亲胸膛那样，依恋着印度，因为她能供给我所需的滋养。如果她辜负了我，我就会觉得自己像一个孤儿，永远无望

---

① 在甘地创立的萨蒂亚格拉哈道院，即"坚持真理道院"，其训章之一是"不要惧怕"。这种精神去除了对帝王、国家、种姓、家族、人、野兽和死亡的恐惧。这也是印度教神非暴力抵抗的第四个条件。其他的三个条件则是贞洁、贫困与真理。

寻觅到自己的守护神。那喜马拉雅山的皑皑白雪，必会倾其所有，给我流血的灵魂赐予至大的安慰……"①

---

① 甘地在入狱的几个月前，曾回应了那些批评他的行为"不合逻辑"的人。这些人讥笑他在南非与在"一战"时，对英国的那些帮助。甘地的回应也毫不避讳地涉及这个问题，他说自己真诚地相信他是大英帝国的公民，审判政府不是他分内之事。他认为每一个人把自己当成政府的审判官是错误的。他对英国的智慧有信心，并且尽可能长久地尽忠于它。但政府的谬误，摧毁了他的信心。那就让政府去承担它自己的后果吧！参见1921年11月17日《青年印度》。

八

甘地丝毫不怀疑印度人民的恒久忍耐之力。1919年2月始，他有开展"萨蒂亚格拉哈"的真理运动之决心，而1918年的农业抗税斗争，已经证明了它是行之有效的。

但是，这完全不是一场政治性运动，而且时候还未到来，因为甘地仍旧忠于政府。只要他心中对大英帝国尚保有一粒忠诚的种子，事情必是如此。其实，直到1920年1月，他还在倡导与英国的合作，即便那些民族主义者据此而猛烈地抨击他。真实的信仰，激励他发表自己的言论，在他反对政府运动的第一年里，他真诚地对亨特勋爵（Lord Hunter）保证，他相信"坚持真理"运动的跟随者，都是宪法最坚定的支持者。只是头脑狭隘、顽固的政府迫使这位印度的精神导师最终撕毁了效忠的契约，因为他觉得这个契约，实为捆住了他的手脚。

因此，坚持真理的运动一开始是遵循着宪法的框架来反对政府的。某些迫在眉睫的改革请求需要引起重视，政府通过一项不公平的法令乃是有罪的，等等。"坚持真理"运动的参与者都奉公守法，之所以定意不遵从某项法令，则是因为认定它是不公允的。假如他们的态度不能说服政府撤回这条法律，他们将不遵守其他的法律，甚至有可能停止和政府的全面合作。印度人理解"坚持真理"的含义，与我们西方人给它的定义是多么的不同啊！它竟含有如此非凡的宗教意味上的英雄主义！

"坚持真理"运动的追随者不被允许使用武力来推进自己的事业，① 他们必须单单依靠源自信仰的大爱之力，与心甘情愿地受苦的自由意志。② 这种组合使得无人能抗拒非暴力的传扬。耶稣基督的十字架和他的门徒也是因此而征服强大的罗马帝国。

为了永恒的自由和公义的理想，情愿自我牺牲，为了着重强调人民意志的宗教含义，甘地特地将1919年4月6日定为运动的起始日，同时，全印度也正在进行哈尔他（Hartal）③，全天祈祷和禁食，而运动也由此发端。

这开始的第一步直击人心，唤起了心灵最深处的觉醒。这是全印度所有阶层有史以来第一次为了同一个理想而团结起来。印度寻回了她自己。

各地都井然有序。在德里虽有几处骚乱，④ 甘地亲自出面加以平息。但是政府逮捕了他，并押回孟买。他被捕的消息在旁遮普邦

---

① 这个道理是说，对手也是真诚的，因为一方认定的真理，而另一方却认为是非真理，暴力是不能实践信仰的。与之正好相反，暴力只会降低施暴者的品格。"一战"初期，协约国谴责德国的暴力行为，但自己的暴力行为，也和德国一样，也不免成了一丘之貉。
② 最坚硬的铁石心肠，也会被爱的火焰所熔化。如果没有奏效，则是因为火力还没有被挑旺。1920年3月9日。凡加入"坚持真理"运动的人，都要承诺不服从"坚持真理"运动委员会宣告的那些不正义的法则，而只是跟从真理的道路，对对手的人生、性命与财产皆不使用暴力。
③ 哈尔他，这个印度斯坦语的词根，来自伊斯兰教，意思是停止工作。
④ 德里把哈尔他的日子错误地认为是3月30日。

（Punjab）引起了骚乱，在阿姆利则（Amritsar），有些房屋被劫掠，有些民众被杀害。4月11日的夜里，戴尔将军（General Dyer）率领军队进驻了阿姆利则。这时各地也恢复了平静。13日是印度一个大型的宗教节日。有一个民众集会要在贾利安瓦拉·巴格（Jallianwala Bagh）广场举行。和平的集会群众中也有许多的妇人和孩子参加。前一天的晚上，戴尔将军发布一道命令，禁止公开集会，但是没有人知晓这件事情。可是隔天将军就带着机关枪来到了贾利安瓦拉·巴格广场，而且没有经过事先的警告就向手无寸铁的民众开枪。射击持续了大约十分钟，直到弹夹里的子弹打光。由于广场四周围着高墙，没有一个人能逃得出去。五六百名印度人蒙难，受伤的更是不计其数。死的死，伤的伤，都没有人敢来照顾。作为大屠杀的后果，戒严令颁布了，恐怖气氛席卷了整个旁遮普邦。飞机也对着没有寸铁的平民投掷炸弹。那些最体面的公民也被拖拽到法庭，受鞭笞，被迫匍匐屈膝，惨遭骇人听闻的羞辱。英国的统治者好像全都发了癫狂。印度所宣告的非暴力法则，竟然刺激起欧洲最狂热的暴力。甘地预见到前路的血腥与苦难，但他从未应许带领他的人民沿着平安的道路，从而走向胜利。他也曾警告说，这条道路将会受到血的洗礼。阿姆利则惨案仅仅只是一个开始：

"我们必须做好准备，从容面对不单单是一千名无辜的男人和女人被屠杀，而是成千上万的人被杀害，累积的数字将不会被这个世上其他的国家超过……因此，我盼望所有相关的人士都能够鼓足勇气，不要灰心丧胆，把绞杀当成生命中一件最稀松平常之事。"

由于军队严密的稽查与封锁，旁遮普惨案的消息过了好几个月才传递出来。当它最终传开的时候，①愤怒的浪潮席卷了整个印度，连英国的舆论界也大为震惊。政府下令，组成一个调查委员会，亨特勋爵担任主席。

与此同时，印度的国大党也组成一个独立的附属委员会，与政府分头进行调查。和所有聪明的英国人想的一样，惩罚阿姆利则惨案的肇事者，肯定是符合政府的利益的。但是，甘地并没有要求这些。令人钦佩的是，他保持了极度的克制，没有要求惩办戴尔将军与其他有罪的军官。甘地虽然公开谴责他们，却不带怨恨的情绪，也不寻求报复。一个人对疯子所做的事当然没有什么恨意。但必须让疯子不再作恶。因此甘地仅仅要求政府把戴尔将军召回了英国。但上帝欲让人毁灭，必先让其疯狂（Quos Vult perdere dementat）……在调查结果发表之前，政府通过了一项赔偿条令，袒护自己雇佣的官员。戴尔将军虽然被撤了职，但他却私底下得到了金钱作为奖赏。

旁遮普邦事件的余波尚未平息，政府和民众之间又发生了第二次冲突，这次比上一次更加严重，因为它涉及庄严的承诺——居然被明目张胆地践踏。政府的态度粉碎了印度人民残存的对英国统治者的良好信任，大的革命爆发了。

欧洲的大战，已经把印度的穆斯林置于一个非常痛苦尴尬的两难境地。他们被两种不同的身份撕扯着，是忠诚地履行帝国公民的责任，抑或虔信地追随他们自己宗教的领袖。如果英国保证不攻击苏丹，或者哈里发的政权，他们同意助英国一臂之力。印度的穆斯林认为土耳其人应该留在欧洲大陆上的土耳其国里，苏丹的统治不单单要

---

① 甘地并没有采用革命领袖的惯常做法，试图利用这件事，而是在4月18日为了让事件不再发酵，将运动暂时终止。

涵盖伊斯兰的圣地，还应包含穆罕默德的学者们划定的阿拉伯地区，即美索不达米亚的一些地方，叙利亚与巴勒斯坦。这是乔治·劳尔和印度总督郑重承诺过的。但是，当战争结束了，这所有的誓言都被遗忘。一旦强加于土耳其身上的和平条款的传言在1919年开始散播时，印度的穆斯林就渐渐不安起来，他们的不满，最终酿成了哈里发运动（Khilafat Movement）。

该运动在1919年10月27日（哈里发日）爆发，波澜壮阔的和平示威过去一个月之后，即11月24日，在德里召开了全印度的哈里发会议。而甘地担任了会议的主席。其敏锐的眼光让甘地意识到伊斯兰的运动有助于促进印度的统一。因为在印度，联合各个种族是一个很困难的问题。英国人经常利用印度人和穆斯林之间的天然敌意来坐收渔利，甘地甚至谴责他们故意从中挑唆。

无论如何，英国从来没有尝试在这两个像孩子一般互相挑战的民族之间推行过和解。为了激怒穆斯林，印度教徒故意在经过清真寺需要肃静的时候放声歌唱，而穆斯林也绝不放过任何一个机会嘲讽印度教对牛的崇拜。相互的仇恨和持续的敌意，一直充斥在这两个族群之间，他们彼此之间永远不相往来，不通婚，甚至也不能共同进食。英国人则高枕无忧，绝对相信他们永远也无法达成一致，采用同一种策略。所以，当甘地正式宣布印度教徒和穆斯林拥有一致的事业时，英国人不免猝然震惊了。甘地敦促印度教徒竭尽全力，以推进穆斯林的诉求，这骤然迸发的慷慨，恰巧与政治的策略相合拍。

"印度教徒，帕西人，基督徒，或犹太人，如果我们希望结成一个国家，那每一个个体的利益，必须融合成为所有人的利益。唯一具有决定意义的考量，则是这一项事业是否公平、是否正义。"

在阿姆利则屠杀惨剧中，穆斯林的鲜血已经和印度教教徒的鲜血流淌在了一起。现在，这两个民族应该结成同盟，无条件的同盟。穆斯林是印度最精进、最勇敢的那一部分。在哈里发会议上，他们第一个宣布，如果他们的要求没有得到满足，将拒绝与政府进行合作。甘地肯定了这项措施，但由于他生性不愿走极端，他拒绝在此时提倡对英货的抵制，因为他把抵制看成是一种软弱的体现，或者是渴求的报复。

1919年12月底，在阿姆利则举行了第二届哈里发会议，决定派代表团赶赴欧洲，向英国政府与最高法院阐明印度人的态度。同时，大会也表决通过了向印度总督发出最后通牒，警告他如果和平条款不令人满意，将会有系列麻烦发生。最后的第三次大会，则于1920年2月在孟买召开，会议发表了一份宣言，强烈抨击英国的政策，这是狂风暴雨即将到来的前兆。

甘地也意识到风暴正在酝酿，他并没有试图去呼风唤雨，反而是竭尽全力地消除暴力的因素。

英国人好像也意识到了危险。他们看起来想用姗姗来迟的让步做着无望的努力，想借此来扭转之前的态度所造成的恶果。"蒙塔古-切姆斯福德"改革方案（Montagu-Chelmsford Report）给予印度人在中央政府和地方行政机构更多的影响力。

1919年12月24日，英王颁布上谕，批准了此项法案，他邀请印度的民众、公务员与政府通力合作，同时敦促印度总督宽恕政治犯，建议实行全国的大赦。甘地总是愿意相信对手的善意，并把这些措施诠释为一种心照不宣的为印度带来更多公义的共识，他呼吁人们欢迎这些改革。他承认这些措施还不完善，但作为获取更大胜利的起点，是可以被接受的。他也督促大会无条件地批准它们。印度的国大党激烈辩论之后，通过了甘地的主张。

但事实很快证明甘地的期望只是泡影。印度的总督把国王宽容的呼吁束之高阁，不仅没有释放囚犯，监狱的大门反而专为执行死刑而开。这显然证明政府所承诺的改革，只是镜花水月而已。

在这极端敏感的时刻，又有一类消息传出，1920年5月14日的和平条款被强加在了土耳其的身上。总督发布消息承认条款会让人失望，他建议穆斯林顺服这无法避免的现实。

这事情之后，阿姆利则屠杀的官方报告一发布，这就成了压垮骆驼的最后一根稻草。

印度的国家意识被唤醒了。一切与政府的联系，也全部被中断。

1920年5月28日，在孟买召开的哈里发大会通过决议，采纳甘地的不合作政策，这项决议也在1920年6月6日，于安拉哈巴德（Allahabad）召开的穆斯林大会上一致通过。

与此同时，甘地写了一封公开信给印度总督，告知他即将开展不合作运动。他解释了为何要求助于这种方式，他的理由是值得去研究的，因为这证明了直到这个时候，甘地还是希望避免与英国彻底决裂。在他的心底，他仍然希望政府能用纯粹的、合法的手段来修正自己的做法。

"假定我仍然对英国宪法固有的权威抱有信心，我只对这样的进程保持着开放的态度：或是我失望地断绝一切和不列颠统治的联系，或是采取必要的措施纠正过往的错误来重建信心。我还未对不列颠宪法丧失信心，正是因为我还相信它，我才建议我的穆斯林朋友收回对英王陛下殖民政府的支持，我也给印度教徒同样的建议。"

然而这位高尚的帝国公民，却被妄自尊大的大英帝国轻蔑地拒绝了。

第二部分

一

1920年7月28日，甘地宣布不合作运动将在8月1日正式开始，作为一项预备措施，他把前一天定为禁食与祷告日。他毫不畏惧政府的怒火，他忌惮的是民众的狂怒，所以他倾尽心力，要求印度人民保持秩序和纪律。他宣告说："有效的不合作运动，依赖于完备的组织。愤怒会导致纷乱。一定要杜绝暴力的行为。暴力是给我们的事业开倒车，白白地牺牲掉无辜的生命，这是毫无益处的浪费。具备完全的秩序感，必须置于一切事情之上。"

在两个月之前，甘地就已经与不合作委员会制定了不合作的具体策略，它们包括以下措施：

1. 归还所有的荣誉头衔和荣誉职位。

2. 不购买政府募集的公债。

3. 取消律师辩护，通过私人仲裁，解决法律纠纷。

4. 学生和家长联合，抵制政府学校。

5. 抵制改革委员会。

6. 不加入政府的党派与任何别的官方机构。

7. 拒绝接受任何民政或军事职位。

8. 同意宣传"斯瓦德斯"（Swadeshi）主义。①

换言之，此份纲领消极的部分应该用建设性的措施来完善，这些措施将会建立一个崭新的、未来的印度。

这份纲领详细说明了要采取的第一阶段的行动。我们必须向这位运动的领导人极审慎的智慧致敬，他在充分发动了印度庞大的革命机器之后，却在第一个路口紧急停止，也就是说按住了暂停键，然后蓄势而待发。这让从未有过如此经历的欧洲革命家们惊愕不已。

甘地在现阶段没有打算推行"公民不服从"（Civil Disobedience）②运动。他知道"公民不服从"是怎么一回事。他深入研读过梭罗的著作，在自己的文章中也引用它，甘地还颇费周章地阐释"公民不服从"与他的不合作理念之间的区别。

他说，公民的不服从更像是单纯地不服从法律。它是指蓄意地与法律对立，是违背法律，只有精英人士才能做得到；而不合作则属于大众的运动。甘地的意思是想让印度民众准备好实行公民的不服从，就必须要循序渐进地训练他们。他知道现阶段的民众还远未训练成熟，在确定人民已经掌握了自我控制的技巧之前，他是不会放纵他们出来反抗的。因此他提倡不合作运动，不合作运动的第一阶段，也并没有包含拒绝纳税等。甘地在等待合适时机的到来。

1920年8月1日，甘地发表了著名的致印度总督的公开信，归

---

① 斯瓦德斯，斯瓦：自我；德斯：国家。合起来是国家独立的意思。不合作运动者，常用狭义的经济独立来解释它的含义。我们稍后会解释甘地的追随者所赋予的某种社会福音的含义。[《国家独立的福音》（*Gospel of Swadeshi*）]。

② 在甘地的思想中，发端于西方的"公民不服从"与他自己所提倡的"不合作运动"之间有着严格的区分，这些我们需要注意，不宜混淆，而且在罗曼·罗兰的书中会有清楚的说明。——译者注

还了他的勋章和荣誉头衔，这象征着运动的发令枪已经打响。

"归还下列勋章并不是没有丝毫的痛苦：您的前任因我在南非的人道主义行动而颁发的印度金恺撒勋章，1906年在南非负责组建印度志愿救护团而获得的祖鲁战争勋章，在1899—1900年期间，因担任印度志愿担架队副监督而获得波耳战争的勋章。"

但是在提及旁遮普惨案与哈里发运动后发生的种种事端，甘地又补充说：

"对于这样一个一错再错、袒护罪责的政府，我没有任何的尊重和爱护……此政府必须要忏悔。"

"所以，我敢于倡导不合作运动，它可以使人断绝与政府的联系，如果没有暴力伴随，它必将迫使政府收回成命，废除那些错误的措施。"

最后，甘地也表达了他盼望总督能重归正途，召集被人民认可的领袖们召开大会，并听取他们的意见。

甘地的榜样立即被效仿。几百名官员提出辞呈，上千名学生离开学校，法庭与学校很快就空无一人。国大党全印代表大会9月初在加尔各答举行了特别会议，以压倒性的优势通过甘地的提议。甘地和他的穆斯林朋友萨乌卡特·阿里巡游全国，其所到之处，受到了人们极热烈的欢迎。

在运动开始的第一年里，甘地展现出无与伦比的领袖气质。他不得不抑制那一直在隐隐燃烧的暴力火苗，他知道，最微小的火种，也随时会引燃起熊熊的烈焰。这世上的一切没有比暴民的武力更让甘地感到惧怕和厌恶的了。他认为对印度威胁最大的是"暴民的癫狂"。

他确实痛恨战争，但相较于卡利班（Caliban）式①的残暴与疯狂，他宁愿选择战争。

"如果印度只能通过暴力夺取自由，那就用有秩序的暴力也就是用战争来获得。"

但绝不用暴民式的革命。甘地不喜欢所有的游行示威和群众集会，即使是为了庆祝某些良辰美事的集会也不例外，因为在一场喧闹和纷乱的汹涌人群中，狂乱的暴力可能会毫无征兆地突然迸发。他再三强调维持严格纪律的必要性。"秩序必须要在混沌中逐步形成，"他说，"我们必须要引导人们用公民的律法来替代暴民的律法。"

这位眼神清澈、目光却又坚定如火炬的神秘主义者，他的论调充满现实感，他与那位建立了宗教秩序，并主宰了人类灵魂的伟大的欧洲神秘主义者一样，明确而又详尽地传授规则，以引导民众游行集会时的怒潮。甘地在提及组织群众集会时说道：

"我们忽视了音乐的作用，这是一个巨大的问题。音乐意味着节拍、意味着秩序。很遗憾，在印度，音乐一直是少数人的专利。从来没有在全国范围内普及……我很想强制性地让大家一道，大家能够正确地演唱国家之歌。为了达到这个目的，我想让那些伟大的音乐家也参加我们每一次的国民大会，或者群众集会，并教会大家一起歌唱。以这样的方式来训练群众是最简单易行的，原因很简单，因为他们毕竟没有思想，也不做冥想。"

于是，甘地罗列了一份建议清单。不应该接纳未经训练的志愿者参加大型游行示威活动的组织工作。除了那些最有经验的以外，任何

---

① 卡利班，莎士比亚戏剧《暴风雨》中半人半兽的怪物，丑恶而凶残的人。

人都不能走在最前面引领队伍。志愿者总是要随身携带一本名叫《行动指南》的小册子。他们要被分散安插在人群里面,并且要学习传递指示的旗语和哨音。全国性的口号要固定不变,而且要在最恰当的时机喊出。要防止人群进入火车站点,要教导他们如何腾出空间,给街上的行人与马车的出入留出清楚的通道。绝对不能把小孩子带到人群中来等。

换一句话来说就是,甘地让自己成为一位指挥家,指挥着浩瀚的人海,使自己成为一部伟大交响乐章的精神领袖。

二

但是,当民众突然受到缺乏理智的蛊惑,可能要盲目地发动无意识的暴乱时,却有一股潜在的政治势力在蓄意鼓吹着暴力。许多印度的精英人士相信,唯有通过暴力的手段才能实现民族的独立。这股势力无法理解与领悟甘地的主张,也不相信它的政治效力。他们只求行动,直截了当的行动。

甘地收到好几封匿名信,皆是敦促他停止宣扬非暴力主张,更有甚者,一些愤世嫉俗者暗示他的非暴力主张只不过是一副假的面具,现在是吹响战斗的号角,并把它丢弃的时候了。甘地进行了猛烈的回击。他的论点阐述得铿锵有力。他撰写了一系列辞藻优美的文章,来批评那些"刀剑之道"。他否认印度圣典《薄伽梵歌》与《古兰经》是在宣扬暴力的革命。这个世上,暴力永远都不是宗教教义的一部分。基督耶稣就是非暴力抵抗的王。《薄伽梵歌》也没有宣扬暴力,只是在强调不惜用生命的代价来尽职履责。①

既然人类没有被赋予造物的权柄,那他同样也无权剥夺哪怕是最卑微的生命。人世间不该有恨,甚至不要仇恨那些行恶者,但这并

---

① 至少,甘地在解释《薄伽梵歌》时,是这样诠释经文的。可是,有哪一个欧洲人敢宣称说,他发现《薄伽梵歌》对于暴力,对于因暴力而受苦能够无动于衷呢?

不意味着应该宽容恶行。如果戴尔将军重病缠身,甘地肯定会俯身照料,但如果甘地的亲生儿子作奸犯科令人蒙羞,他将不会一如既往地支持他、帮助他。反而会说:"正因为我爱他,我才不得不断绝对他的支持,即使这样会把他逼入绝境。"没有人拥有权利,以武力逼迫他人成为好人,逼其行善。"但不管怎样,每一个人皆有义务远离罪恶,如果浪子悔改,则要敞开胸怀来悦纳,以示欢迎。"

甘地不仅约束暴乱分子,与此同时,他也在鼓舞那些犹豫踯躅的民众。对于这些疑惧不决的人,他鼓励他们重拾信心:"这世上从来没有不采取直接行动就能成事的。我拒绝接受'消极抵抗'这个词,因为它的意义并不完整……在南非,我们就是以直截了当的行动在说话,它成功地促使史莫茨将军恢复了理智。佛陀和耶稣教导的最大的共同点是什么呢?不就是爱与慈悲吗?佛陀毫不畏惧地深入对手的营中,迎接挑战,并让傲慢的婆罗门屈膝拜服。耶稣基督在耶路撒冷的圣殿中,则驱逐了兑换银钱的人,并从天上降下咒诅给那些假冒伪善的法利赛人。这二者不都是最强烈的直接行动吗?但是,即使佛陀和耶稣基督在涤除那些污垢,他们的每一个行为的背后,却无不显明他们完全彻底的、毫无瑕疵的爱与慈悲。"

甘地同时也在吁请英国人的大度和良知。[①]他用"亲爱的朋友"开篇来称呼英国人,并指出自己是英国人三十多年忠实的伙伴。甘地敦请英国人弥补政府的那些背信弃义之举,因为它的负约,完全摧毁了甘地对政府所抱有的善意。但他个人依然相信英国人民的果敢,仍然相信英国人民对其他民族的勇敢乃心怀敬意。"印度人现在不可能

---

① 参见1920年10月20日,甘地发表的《致在印度的全体英国人士书》。

在战场上英勇作战了,但我们仍敞开勇敢无畏的心灵。不合作运动的意义无非是在训练自我牺牲的精神。我期望通过我的受苦,经历磨难来使你屈服。"

在运动刚刚开始的四五个月中,甘地并无试图用不合作的运动来逼使政府瘫痪;他的理想不如说是在夯实地基,为了将来在精神上、道德上与经济上建立完全独立的一个崭新的印度。甘地用"斯瓦德斯"这个词,来表达印度经济独立的思想,他只是取其狭义的物质上的含义。

印度必须要学习忍辱负重地前行,并且毫不抱怨地接受所有的艰难与困苦。这是一种有益的自律,必要的精神自洁。整个民族的强健与品行的塑造也将因此而受益。甘地的首要动作,就是要把印度从醉酒的咒诅中释放出来。必须要组建一支宣传戒酒的团体。欧洲的进口酒一概要抵制,酒商们也必须上缴他们的许可证。①

全印度都在响应圣雄的号召。禁酒的声浪如潮水一般席卷全国各地,势头如此强劲,以至于甘地不得不设法禁止群众劫掠商店商铺里面的酒类货品,以免强逼商店关门。他对群众说道:"你们断不可用武力胁迫他人行善!"

如果说把印度人从醉酒的祸害中解救出来,相对还是可以解决的事情,那么,如何给他们提供生活上的各种必需品,则应该是难上加难的事了。如果停止与英国的合作,那印度人的生活将何以为继?如

---

① 1921年3月23日,甘地在写给帕尔西人的信中,请求商人们停止售卖酒类商品。1921年6月8日,甘地在写给温和派诸君的信中,也恳请他们务必促成这项措施,即使反对行动计划中的其他措施也不足惜。甘地还发起禁绝毒品致幻剂、禁绝鸦片的战争。

果抵制欧洲的产品,印度人将要从何处得到布料?就此,甘地的解决方案简单到了极致,且表现出了他的中世纪思想:

他要重建印度古老的家庭作坊,引入人工的手纺车来织布。

用这种家长式武断的方案来解决社会的问题,自然会引起一片讥评。[1]但我们应当考量印度的现实条件和甘地对"查尔卡"(charka,印度手纺车)的解读。甘地从未说过除了那些最穷苦的人以外,单纯靠织布就能供养一个人的生存,但他确实强调过,当田间的农事结束后的几个月里,纺车织布可以补助农事之不足。印度的问题,从来不是形而上的问题,而是迫在眉睫的现实问题。百分之八十的印度人口是农民,一年当中有四个月是不被雇用的。有十分之一的人,会受到饥荒的威胁。中间阶层也大都营养不良。

对于这种情状,英国人有曾寻找过任何的解药与良方吗?从来也没有过!她反而还加重其现实的灾难,英国的工业品摧残了本地的工厂,抽干印度的资源之泉,每年征收六千万的卢比使国家失血。印度出产的棉花本来可以自足,却被迫出口上百万捆到日本和兰开夏郡(Lancashire),换回成品的白棉布,还必须用不合理的高价赎买。所以,当务之急是,印度必须学会抵制这些破坏性的外国货物,为了达成这个目标,她必须要组织起自己的纺织作坊,来给自己的人民提供工作和粮食,此属时不我待。现在,没有比家庭纺纱织布的作坊更快捷、更经济的组织方式了。这个想法,并不是让原先工资较高的农村

---

[1] 甘地自己也意识到会有很多人嘲笑他。但他反问说,难道缝纫机取代了针线吗?纺车显然还没有丧失用武之地。刚好相反,现阶段没有任何东西比它更有用。织布是全国性的需求,对于上百万忍饥挨饿的老百姓来说,这也正是他们唯一的谋生之道。

劳动力放弃他们的工作转去纺布，而是鼓励失业者，以及那些不需要靠做工讨生活的人，比如说妇人与孩童，还有那些有闲暇的印度人，可以在闲余时候纺线织布。所以，甘地要求：1. 抵制外国的货物；2. 教授纺织的技能；3. 只购买本土手工编织的纺布。

甘地不知疲倦地、全身心地投入到把这个想法变成现实的行动当中。他说，手织纺布是全印度人的义务。他想要贫穷的学生以每日织布的工时，来偿付学校的学费；他要求每一个人，无论男女，每天至少纺布一个小时作为慈善之用。他对棉花纺车等的选择，纺织的种种技术细节，也都提供了最细致的指导。他为那些想购买手工织布的人给出具体的建议，无论是大家族里的族长，还是学校里的学生。他还举例解释说，譬如，要怎么开一间"斯瓦德斯"式的商店——一个只卖印度本国产品的商店——用极少的资本，赚取百分之十的利润，凡此种种，不一而足。他在描述"手纺车之歌"时，变得充满诗意、热情如火。这是印度最古老的歌谣，其喜乐与欢愉之情，也曾深深感染了纺织圣诗人卡比尔（Kabir）和伟大的皇帝奥伦·泽布（Auren-Zebe），他总是戴着自己手织的小帽。

甘地的个人魅力，总是能够点燃群众的狂热。许多孟买的贵妇也开始摇起了纺车。印度教和穆斯林的妇人们不甘落后，也不约而同地只穿本国布料的衣服，这俨然成了一种时尚的潮流。就连泰戈尔也称赞起"卡达尔"（Khaddar）或是"卡迪"（Khadi）——手纺布的印度名称，说穿起来别有韵味。订单也如潮水一般地纷至沓来。较远的那些订单，居然来自亚丁和俾路支（Baluchistan）。

但是，这些抵制英货运动的参与者在一开始的时候，其行为有些太出格了，就连一贯理性与明智的甘地也有点儿被胜利冲昏了头脑。

1921年8月,他指令在孟买焚毁所有的英国货,就像萨沃纳罗拉修士(Friar Savonarola)在佛罗伦萨掌权的时候,传讲上帝的怒火降临,绚丽夺目的家族传家宝,珍贵无价的物件堆积成山,被烈焰吞噬在狂乱的欢呼和狂热的激情中。

关于这一件事,在印度心胸最为宽广的英国人 C.F. 安德鲁斯,也是泰戈尔的挚友,曾写了一封信给甘地。他一方面表达了对甘地的敬意,另一方面也对烧毁这么多有价值的物品而不分发给穷苦人而感到深深的遗憾。

他补充说道,他相信这种破坏会激发起人心中最邪恶的本能,他还抗议这种实质上是把破坏当成信仰的民族主义的大爆发。他不由自主地感受到破坏人类劳作的成果是一种罪恶。安德鲁斯曾经支持甘地的运动,他甚至开始穿着土布衣裳,但现在他自己也质疑是否要继续下去。孟买的焚烧布料运动,现在也动摇了他对甘地的信心,等等。

甘地把安德鲁斯的来信刊登在《青年印度》上,他回应说自己一点也不后悔。他对任何族群都没有恶意,他也没有要求把一切外国货物都焚烧了。他唯一的要求只不过是把有害于印度的货物焚毁。无数的印度人因为英国人的工厂而倾家荡产,它们抢走了印度人的工作,使成千上万的人变成了贱民和佣仆,使他们的女人沦为娼妓。印度人早就有仇视英国殖民者的趋势。甘地并不想让仇恨加剧,他迂回行事,把对英国人的仇恨转移到了英国的货物上来。购买英国货的印度人被视为与英国商人同罪。焚烧英国货,表达的不是对英国人的仇恨,而是象征了印度人和过去生活决裂的决心。它是一个去除疣赘的手术。把这些"有毒"的物料施给穷人,倒是错误的,因为,穷人也有自尊。

三

若是要振兴印度自己的经济，其首要任务，便是摆脱外国力量的操控。而第二步需要做的，就是解放思想，创造一种真正自由、真正独立的印度精神。甘地要求自己的民众甩开欧洲文化的束缚。他引以为豪的成就之一，就是浇筑了纯印度式教育的根基。

在英国人的统治之下，亚洲文化行将残灭的余烬在各种各样的学院与大学里虽有暗燃之火，然而气息奄奄。超过四十五年历史的阿里格（Aligrah），是一所在印度的穆斯林大学，是印度传播伊斯兰文化的中心。卡尔沙（Khalsa）学院，则是锡克教的文化中心，而传播印度教文化的大学则在贝纳勒斯。但是，这些机构或多或少都日趋衰落，苟延残喘，故皆仰赖于政府的拨款。甘地希望看到它们被更纯粹的亚洲文化传播机构所替代的那一日。

1920年11月，他在阿默达巴德（Ahmedabad）创办了国立古吉拉特大学（National University of Gujarat），它承载着联合起整个印度的理想。印度教的永恒之法与穆罕默德的伊斯兰，就是它的两大宗教支柱。它的目标是保留印度的各种语言，并把它们用作国家重生的源泉。甘地秉持着最公正的态度：

"系统性地研习亚细亚的文化，一点也不比研习西方的科技文明次要。"

"必须要竭尽全力，彻底搜寻梵语、阿拉伯语、波斯语、巴利语，还有摩揭陀语当中所蕴藏的丰富宝藏，才能发掘出民族新生力量的源泉。这种理想，并不是要复制上古时期的文化，或是坐吃历史的老本，而是基于过去的传承与时代的经验，开创崭新的文化。这种理想是要整合已经在印度长久扎根的不同文化，整合那些已经影响了印度人的生活，或者已经受印度本土精神潜移默化的各种类型的文化。这种合一，自然而然就是"斯瓦德斯"，每一种文化都有自己的合法地位，而不像美利坚模式的，以占统治地位的一种文化，吞食了其他的文化，它们的目的不是趋向于和谐与共存，而是趋向一种人为的、强制性的合一。"

在那里，印度所有的宗教都可以被教导。印度教徒有机会研习《古兰经》，而穆斯林则可以研究印度教的圣典。国立大学所要摒弃的，就是那种故步自封的理念。相信在人性的文化当中，没有任何禁忌是不可以碰触的。印度斯坦语种则是必修的科目，因为它是梵语、印地语、波斯化的乌尔都语等语言的民族性融合。[①] 不单是以多种多样的研究方法来培育独立而自主的精神，而且，还可以促进认真细致的职业化教育。

甘地希望循序渐进地推进各种层次的教育，组织高级的学校，在全国各个乡镇得以普及，"在大众中沉淀下来，这样……在短时间内受教育和未受教育的两种阶层之间的致命裂痕会得以弥合。文雅的绅

[①] 英语和其他欧洲的语言也并没有被排除在外，只是预留给教学大纲的后设学习阶段的高年级学生。但是，所有的年级都要用印度的各种语言来教学。甘地梦想能普遍采用一种更高级的教育模式，各种文化差异既能兼容并蓄，而彼此又不被区隔。

士学习生产、学习劳作,产业工人学习文学、学习知识。其最后的效果,必会使得财富的分配不均,与对社会各种不满的抱怨显著减少"。

与欧洲只注重知识性的教育,而忽略了手工训练的教育方式不同,甘地要一切的学校从小学到大学,都应当编入手工的课程。他相信,让学生用一定数量的纺织劳作来偿付学费乃是绝佳的办法。这样,孩子们还会学习到自己谋生的意识,获得独立的成长。关于欧洲人完全忽视的心性教育,甘地自始至终都很注重。但是,在孩子们得到正确的训练之前,必须要预备合适的教师队伍。

甘地把某种高层次的教育机构视为新式教育的基石,其目标是用来培训合格的教师。这些机构将超越普通学校或者大学,其实更应该称为"修道院",印度的圣火将在那里聚集,以便将来能够辐射到全世界,如同西方昔日伟大的宗教先驱们将伟大的教义从圣本笃修道院,逐渐辐射到了全世界一样,征服了人类的灵魂和疆域。

甘地在阿默达巴德创立的"真理道院"(Satyagrah Ashram),[①]也是他为道院订立规范的模本。这里,老师受到的约束更胜于学生,他

---

① Ashram,可以译为"道院",这是一种极特殊的印度传统的教育机构。根据当代瑜伽士斯瓦米·韦达的讲法,梵文"Ashram"这个词由两部分组成:"A"与"Shram","A"的意思是全方位的,所有层次的;而"Shram"的意思就是一种苦修或苦行。所以"Ashram"正确的意思就是生命整体成长的"修道院",或简称"道院";它启自远古时代的林中圣人的精神传统"Gurukula","Guru"即"上师"的意思,"Kula"是"住家"的意思,所以"Gurukula"就是居住在上师的家里。在古时,师生同住是一种林中传习的传统,弟子住在古鲁的家中,由古鲁照顾自己的生活,行住坐卧、衣食温饱皆都由古鲁负责。而弟子则要为自己的古鲁服务,做一些日常家事,古鲁教之以最高的哲学,用最圆满的行为影响着心爱的弟子,他们会一同祈祷:"愿这学问使我们齐得丰盛,愿我们彼此永不嫉妒。平安归于个人,平安归于大地,平安归于众生界!"那些最伟大的《奥义书》,就是这样次第诞生出来的。——译者注

们要谨守修士的誓言。虽然这些誓言在惯常的宗教仪式中也有着消极的意味，但是在这里，萌发的却是积极的自我牺牲的精神，是启迪出圣贤智慧的最纯粹的爱。老师们必须遵循如下的誓言：

1. 宣誓真实。单单是平日不说谎，还不算是真实。即使为了国家利益，也不能行欺诈之事。即使与父母、与长者反目，也要求彻底真实。

2. 宣誓不杀。若只是外在行为上的不杀害诸生命，还不算是遵循不杀。甚至，对内心认定为不公正的人，也不可以加害，而是要爱他们。反对暴政，但绝不伤害暴君，用爱而不是暴力来制服他。若是与暴君的意志相悖，招致受苦受刑甚至致死，也是甘心的。

3. 宣誓禁欲。没有上面的两条誓言，也就无法遵守这一条。若只是不以色欲的眼光盯着妇人，这显然还不够。动物性的嗜欲，必须被彻底掌控，这样，思想上也就没有淫邪的念头。如果入了道院的教师已经结婚，则应当把他的妻子当成一生的朋友来对待，彼此保持完美的纯洁的关系。

4. 宣誓节食。有规律地控制，并洁净日用的饮食。非必需的，或是刺激性欲的食物，皆不得食用。

5. 宣誓不盗。单纯地不偷盗他人的财物，显然还不够，假如我们的消耗超过了我们之所必需，这也算是一种偷盗。大自然日复一日地供给，足够我们之所用，我们的日常之所需，当止欲于此。

6. 宣誓不占有。若只是单纯地不拥有更多余的产业，还远不算达到不占有。此处还是指，非身体绝对必需的，都不应当占用。要常常思想至纯粹、至简朴的生活。

除了这些主要的宣誓外，还有下列几条次要的规则：

1. 印度自主。抵制英国的货物，拒绝使用任何带有欺骗嫌疑的物品。凡是工业的制成品，也皆不用。劳工们在工厂里受着无尽的苦，工业制成品正是他们受苦受剥削的产物。支持不杀主义，也应当包含禁用外国的工业产品，禁用由复杂的机器制成的货品。使用印度手工织就的粗布、土布。

2. 无有惧怕。凡怀着畏惧之心做事的，都不能成为不杀害主义的真正信徒。真理的信徒，应当不惧怕帝王，不惧怕民众、种姓、家族、盗贼、匪徒、猛兽，还有死亡。唯有一个真正无畏的人，才能拿出真理的力量，或灵魂的力量来抵抗他人。

此种钢铁般稳固的基础品质一旦建立起来，甘地便迅速转向了其他的目标。他极为注重两条：首先，老师们要操持劳作，为学生立下榜样，最好是亲自躬耕，操作农事；其次，老师必须熟谙印度那些最主要的语言。

道院的学生，满四岁就可以入学了，其实，任何年纪的学生都可入学，一经入学，必须修完全部的课程，大约为期十年。孩子们必须和父母分开。父母放弃所有的监护权。孩子们也不准与父母见面。他们穿着粗布衣衫，吃着纯素的简单食物，也没有通常意义上的节假之日，虽然每周会有一天半的时间可以用来从事个人创造性的活动。

一年之中，要有三个月在全印度行脚。所有的学生都必须学习印地语和德拉威语（Hindi and Dravidian dialects）。英语则被列为必修的第二类语言，此外，他们还必须学习五种印度语言，即乌尔都语、孟加拉语、泰米尔语、泰卢固语和梵文的天城体。他们用自己的方言，学习历史、地理、数学、经济与梵文。与此同时，他们还必须学会农事、手纺与编织等。不言而喻，宗教的氛围会渗透在整个教育过程当中。在修完了一切的课程之后，他们可以自由决定，是像他们的老师那样坚守誓言留在学校，还是选择离开，自行谋生。而整个求学的过程，是完全不收取任何学费的。

这里，我之所以要这么详细地描述甘地的教育制度，不仅仅是因为它体现了甘地高尚的精神，还因为甘地认为它是整个运动的主要动力源。要建立一个崭新的印度，一个崭新的灵魂，就必须锤炼出强健而纯洁的印度元素。只有像耶稣基督那样的圣洁，那样的使徒军团，才能够培育出这种灵魂，在世上做光做盐。甘地与我们欧洲的革命家非常不同，他不制定任何的法律条令。他只是要锻造出崭新的人性、崭新的灵魂。

四

与所有处于同一境地的政府一样，英国政府也没有搞清楚现实的状况。它一开始的态度居然是嘲讽和轻蔑的。印度总督切姆斯福德男爵在 1920 年 8 月，形容甘地所领导的运动乃是"诸多愚蠢的计划中最愚蠢的一项"。没有多久，这种高高在上、自负满满的态度就改变了。

1920 年 11 月，政府开始有些惊惶，颁布了一项公告，里面也混杂着威胁与武断的建议，警告民众说之所以运动的领袖还没有被拘押，是因为他们幸好没有宣扬暴乱，现在命令已经下达，任何人胆敢用言语或其他方式煽动反抗、暴动的，都将被缉拿究办。

很快，和平的界限就被践踏了。但是，启衅肇端的却是政府这一方。不合作运动一直在成长，各种势力也在聚集，政府这时才开始大大地惶恐与不安起来。在 12 月，情势直转，突然转为凶险。在此之前，非暴力不合作运动或多或少地还被当成是一种临时性的尝试，政府还宽慰自己，等到 12 月，国大党在那格浦尔（Nagpur）召开大会时，不合作运动就会被否决。但是，不合作运动不但没有被否决，大会还把这个想法直接写入宪章的第一节：

"印度国大党的奋斗目标，是让全体的印度人民采取合法与和平的手段，俾获印度的自主与自立——斯瓦拉吉。"

因此，国大党追认了9月特别会议通过的不合作议案，并加以扩充。非暴力原则得到了绝对意义的拥护，大家的共识是每一个个体都应当努力，团结全印度的人民采取共同而持久的行动，国大党不单单是向印度教徒、向穆斯林发出精诚合作的呼吁，同时它也敦促那些特权阶层与受压迫的阶层互相靠拢。除此之外，国大党又对宪章做了一些根本性的修改，实际上，它已经成为一个代表全印度的组织。①

国大党承认目前不合作运动的形式，只是一个预备的阶段，它没有试图去隐瞒这个事实，即将来必有一个时候可以做到完全彻底的不合作，包括拒绝纳税。但目前为了铺路，要鼓励纺布和编织来加快这种抵制的步伐，它同时向学生、家长和官吏发出了吁请，要他们以更大的热情参加不合作运动。不履行国大党决议的人，其政治生涯将障碍重重。

---

① 出席国大党那格浦尔会议的共有4726名代表，其中有469名穆斯林，65名锡克教徒，5名帕尔西人，2名贱民代表，4079名印度教徒和106名妇女代表。
新的宪章规定，每5000居民当中，选出一位代表，故总代表人数为6175名。国大党每一年于圣诞节前后，召开一次大会。由350人组成的委员会作为执行的机构，执行国大党的决议，履行国大党的政策。在两次大会召开的中间时段，委员会享有与大会一样的权利。在委员会的内部，有15名成员组成最高执行委员会，它与委员会的关系，如同内阁与议会的关系。委员会有解除执行委员会的权利。
那格浦尔会议制定了一个层级制的委员会计划，有代表二十一个省和十二种语言的省级委员会，在它之下，还专门设有代表乡村的地方委员会。大会建议组成一个全国性的工人团体，并取名叫印度全国服务团，由全印度的提拉克自主基金会出资成立。
每个成年人，无论男女，只要拥有4个安纳（印度辅币）并签署同意宪章的信条，就有了投票权。凡年满21岁，宣誓赞同宪章第一条并且支持宪章的正文和附则的，都有同等的资格。

国大党的决议,实际上也含有建立国中之国的意思,即建立一个真正自治的印度,以与英国的政府分庭抗礼。这是英国所最不能容忍的。她必须要有所作为,政府要么开战,要么协商。如果政府愿意退让,通过协商是很容易达成妥协的。国大党也已经宣布"如果可能的话,与英国人"一起达成目标,如果不可能,"没有英国人"一样要达成目标。但是,欧洲涉及外族的政策向来是成例,极为顽固,从不尝试协商、讲和。反而要诉诸武力,只需要找到武力镇压的借口而已,而他们从来就不缺这样的借口。

尽管甘地与国大党倡立了非暴力的原则,但在印度的不同地方还是有一些骚乱发生。这些骚乱实在与不合作运动没有多少关联,但麻烦始终存在着。在阿拉哈巴德这个联合省,有倡导平均地权者发动起义,佃农反抗地主,警察不得不介入,最后发生了流血事件。此后不久,锡克教徒(Sikhs)又发起了阿卡利(Akali)运动,虽然这是纯宗教性质的,也采取了不合作的办法,但动乱的结果是1921年2月,有两百来名锡克教徒被屠杀。凡有良知的人都不会把这些人间惨剧的责任强加给甘地与甘地的追随者,但政府却认为这是一个良好的时机。

1921年3月,政府开始镇压,随后的几个月更是变本加厉。政府找借口辩解自己的行动,称有必要保护酒商免遭暴民的怒火伤害。欧洲的文明与酒精携手,联合行动,这已经不是第一遭了。不合作组织的志愿者被驱散。政府颁布了禁止煽动性集会的法令。在某些省份,警察还得到了特别授权(Carte blanche)来镇压他们称为"革命性和无政府主义的"运动。数以千计的印度人被逮捕,甚至一些最有名望的人士也身陷囹圄,且受到虐待。这激起了强烈的反抗。各地都有民众与警察发生冲突。有些房屋被焚毁,也有人员受伤。直至3月末,在贝兹瓦达(Bezwada)召开全印度代表大会,讨论"公民不服从"运动,当时的印度其真实状况就是如此。会议以罕见的克制和前瞻性,投票否决了这个提案,因为全国还未准备好挥舞起这柄双刃之剑。"公民不服从"运动要等到将来时机成熟时再发动。目前,只能先做民众与财政上的动员。

与此同时,甘地积极并持续地联合全印度来推进他的运动。他试图团结所有的宗教、族群、党派与种姓。他向帕尔西人——这些富裕成功的商人阶层多少有点腐化——呼吁洛克菲勒精神,他也号召印度教徒和穆斯林组成一个坚固的同盟。他们之间的关系因着彼此的偏见、恐惧与怀疑持续地恶化。甘地用尽心力,促使他们敦睦合作。他并没有提倡或者寄望一个不可能的融合,他只是试图用友谊的桥,来促成他们的联合。①

可是,他最呕心沥血的努力,还是去救拔被压迫的阶层,即印度的贱民。他充满激情的呼求,难过的痛哭,面对贱民们遭受的巨大不公时的怒火,每一次情感的表达,都会让他名字不朽。他对贱民的感情,实在可以追溯到童年的时光。他讲到当自己还是一个孩子的时

---

① 在提及和穆斯林毛拉·穆罕默德阿里的友谊时,甘地说他们都忠诚于各自的信仰。虽然他们不会一起共食,或成为儿女亲家,但这并不妨碍他们彼此发生兴趣,甚至彼此敬重、彼此信任。
甘地并没有说要反对这两个宗教的信徒之间的通婚和共餐,他只是说,现阶段不可能做到这一步。也许,至少还需要一个世纪的时间才可能达到那样的融合。务实的政策是不去尝试这样的大变革。所以,甘地并不是反对,而只是认为时候未到。目前唯一重要的,是这两个族群互相尊重、彼此推诚相见。这也表明了甘地极务实的态度。

候。①曾经，有一个贱民到他们家做各种各样的粗活。甘地被告知，绝对不要去碰触他，如果碰了，就要斋戒沐浴，洁净自己。他不理解为什么要这样做，就问父母这个问题。

上学时，甘地也经常碰触到贱民，他的母亲告诉他，要消除这种不洁的接触所带来的后果，只能再去碰触一个穆斯林。甘地觉得这种不公是很荒谬与残忍的。十二岁时，他就下定决心，要从印度人的良知中去除这个污点。他计划要起来拯救那些被藐视、被贬低的同胞兄弟。当他为这项事业辩护时，他的思想从未有过如此地清晰和公正。我们可以从以下这些事实中，看出这项事业到底对他意味着什么，他说，如果有任何人能向他证明贱民制度符合印度教的教义，他宁愿放弃自己的宗教信仰。②在他看来，这不公平的贱民制度，甚至使得一切外来的民族所强加给印度的任何事情，也一起变得公平了。

"如果印度人也沦为帝国中的贱民，这是公平的上帝给予我们的公平的报答……在我们要求英国人洗净自己的双手之前，我们印度人难道就不该先清洗我们自己血迹斑斑的双手吗？贱民制度让我们蒙羞，让我们自己成了在南非、在东非与加拿大的贱民。只要印度教徒一日不把贱民制度从宗教中去除，印度的自主便一日不可能实现。印度犯罪了！英国所做的，也不会比这个更黑暗、更严重。首要的责任，就是保护弱者与那些生活无依者，绝不可以伤害任何人的情感。如果我们不清除对我们同胞所犯下的罪恶，那么，我们就与禽兽无异了。"

甘地要国大党善待贱民兄弟，要给他们提供学校与水井，因为贱

---

① 1921年4月27日的演讲。
② 我们知道，对甘地而言，宗教意味着所有的一切。

民们不被允许使用公用的水井。但还要等到几时呢？不可能在一边袖手旁观，等着特权阶层愿意改变自己的暴虐，甘地自己就去俯身于贱民。他把自己当成是他们的首领，试图把他们组织起来，与他们商谈具体的问题。应该如何解决呢？向英国政府求情，还是把他们归给英国人处置？那只不过又换了一重新的奴隶身份。还有，放弃印度教的信仰，[①]皈依基督教，或者伊斯兰教？如果印度教的教义真的支持贱民制度的话，甘地就真的要建议他们这么做了。

但是它并不支持。贱民制度只是印度教一个病态的疣赘，终究是要被割除的。"不可接触者"必须组织起来，进行自我保护。他们也可以采用不合作原则，断绝与印度人的联系。[②]但最难的，则是贱民们没有首领，不能自己组织起来。所以对他们而言，既然他们的目标是与所有的阶级和谐共处，那最理想的事情，则莫过于加入不合作运动。真正的不合作运动，正是一种涤除罪污的宗教性行为，坚持贱民制度的人不能参与其中。就这样，甘地把宗教、人道与爱国主义结合在了一起。

第一次把"不可接触者"召集在一起的努力，也带着某种神圣庄严的意味。1921年4月13日至14日，在阿默达巴德召开了"被压迫阶级大会"（Suppressed-classes conference）。甘地担任大会的主席，并发表了一篇最优美的演讲。他不但要求要取消贱民制度，而且敦促"不可接触者"趁机兴起，展现出他们身上最美好的一面。他说，希望他们在印度社会重生的过程中，造就他们伟大的事业。甘地努力建立他们的信心，把燃烧的理想灌注到他们的身上。他说，从这个"被

---

① 看看吧，这位伟大的印度教信徒何等博大的胸怀和勇气！
② 试想一下，像甘地那么爱国的人，嘴里能说出如此大胆的社会革命的建议！

压迫的阶级"身上,自己看到了无尽潜藏的可能性。他相信,在五个月之内,"不可接触者"的阶层就会凭借着他们自己的能力,在印度的大家庭中,取得自己应该享有的一席之地。

甘地非常高兴地看到自己的呼吁得到了印度人民由衷的回应。在印度的很多地方,贱民们得到了解放。① 在甘地被捕的前一天,还专门就贱民制度诸事宜做了一次演讲。婆罗门的僧侣们也伸出了援手。这个特权阶层就此也做了很多忏悔与慈爱的事。甘地举了一个十九岁婆罗门的例子,他愿意成为一名扫街的人,并与"不可接触者"们共同生活、共同呼吸。

---

① 1921年4月底,贱民制度开始解体。在许多的乡镇,"不可接触者"被允许和村民一起生活,并享受同样的权利。但在另外一些地方,各种情况依然令人悲观,特别是在马德拉斯。1921年9月29日,印度全民议会也把这个问题列入了议事的纲要。1920年12月,召开的那格浦尔大会,早就已经表示,希望看到贱民制度被废除,等等。

五

甘地对另一项事业也抱有同样的热忱，那就是印度的妇女解放事业。

在印度，性是一个特别困难的问题，涉及社会的方方面面，透着压抑，被严重地误导到感官的肉欲中去。童婚使得全民族的肉体与精神的源泉干涸。

男性的脑子里，若只是想着满足肉体的欲望，那是对女性尊严的极大侮辱。印度女性埋怨民族主义分子抱着歧视女性的态度，甘地把它诉诸于众。

他自己站在了女性的这一边。他说，女性的抗议揭开了印度的另一个伤口，它与贱民制度的祸害几乎等量齐观。只是女权的问题并不只是存在于印度，而是整个世界都面临着类似的问题。如同他对待不可接触者一样，他寄希望于受压迫者本身，还要多过压迫者。他鼓励女性站立起来，要求赢得尊重，不要把自己看成是满足男性欲望的工具。让她们忘掉自己的性别，投身到社会的公共事业当中，让自己承担起由新的信仰带来的风险和后果。女性不应该只是丢弃奢侈品，或者焚烧英国货，她应该去分担男性的问题和艰辛。在加尔各答，许多高贵的女性勇敢地直面拘捕和坐牢。这才是真正女性精神的体现。女性应该与男性一起竞争，为了事业，一起受苦。当苦难来临时，女性的表现总是优于男性。她们不会惧怕。即使是最瘦弱的，也会绽放她的荣光。"凡知道如何死亡的，心中必定永无恐惧。"

甘地也没有忘记那些失足的女性。他讲述了他在安得拉省（Andhra）和巴里萨尔省（Barisal）时，自己与她们谈话的一些内容，当时，他们是在参加大会时见面的。甘地讲话的口吻，带着最高的尊重与心地的纯粹，而她们对甘地也是充满着信任，向他寻求建议。甘地建议她们过一种更体面的生活，可以尝试织布为生。她们受到了鼓舞，表示一旦得到协助，就马上开始行动。甘地进而转向印度的男同胞，号召他们尊重女性：

"我们的革命，绝不允许用恶习来投机冒险。印度自治，就意味着我们必须把印度的每一个人都看成是自己的兄弟姐妹。女性并不是更软弱的一方，而是人类更美好的另一半，更高尚，因为时至今日，她们都在背负着最大的牺牲、无言的受苦、谦卑、信仰与智慧。相较于男性的自作聪明，与自以为是的那些武断，女性的直觉，却常常被证明是更加准确的。"

在印度的妇人之中，从他自己的妻子开始，甘地总会得到最睿智的协助、最宽大的理解，他杰出的一些门徒，有不少人都是女性。

六

甘地的权力，在1921年达到了它的巅峰。作为一个精神上的领袖，他有极高的权威，几乎没有任何限制的政治权力，皆不请自来的到了他的手中。群众则把他当成一位圣人。他的画像被当成大神室利·克里希纳（Sri Krishna）悬挂着。① 在那一年的年底，即12月份，印度国大党把最高权力授予他，并要他指定自己的接班人。他成了印度政坛毫无争议的第一领导者。要由他开始一场政治的革命，如果甘地觉得有必要，他甚至都可以发动一场宗教的改革了。

但是，甘地并没有这样做，他也不愿意这样做。是缘于他高尚的灵魂，还是良知上的迟疑？可能二者兼而有之。一个人很难真正地去明白另一个人，尤其是当他们还分属于不同的族群和文明之时。要想理解甘地如此深邃、如此精微的思想，这是一件多么不容易的事情啊！在这样喧嚣纷扰的年代里，要想穿越发生在印度的种种事件的迷雾，从中探究出掌舵人的双手是否颤抖，是否总是坚定与明确地掌控着这艘巨大的航船，沿着既定的航线前行，这是何等的艰难。但我会尽力去诠释自己对这位像谜一样活生生的伟人的感受，对于这样的人，我心怀宗教般的敬仰，以及由他的真诚引发的最诚挚的情感。

---

① 甘地在1921年6月的《青年印度》上撰文反对。

假如甘地拥有的权柄这么大，他滥用这种权柄的危险也就一样大。他领导的运动影响又是如此巨大，即使是最微弱的涟漪，也会牵涉到几亿人口，所以，要引领好它的同时，又能够在惊涛骇浪中保持镇定，则变得日益艰难。要想在适度克制而又具备深谋远虑的智慧，在那些冲动且肆无忌惮的暴民的激情之间纵横捭阖，这确实是超乎常人之力才能解决的问题。这位谦和敬虔的掌舵人，他祈祷着，他信靠他的神，但启示他的声音，在时代暴风雨一般的嘶吼中，它也一样会传递到其他人那里吗？

对于甘地，不存在有骄傲自大，并把自己绊倒的危险，成堆的赞美也无法冲昏他的头脑。但是，这些人性的弱点确实伤害的不单单是对事物合理性的判定，也会伤害到人们谦卑的精神。在众先知与预言家当中，甘地也许是一个例外，因为他并无看见任何异象，也没有受到启示；他也没有试图说服自己是受到了超自然力量的指引，也不会试图误导他人相信这一点。他所秉有的，只是真诚的光。他的头脑始终是镇定的、明晰的，他的内心没有任何虚荣。与其他人一样，他不认为自己是一个圣人。他也从不会让大众这么来称呼他。①

现在的生活，他说，"圣"这一个字应该被裁剪出去：

"像每一位善良的印度人一样，我自己也常常祈祷。我相信，我们都可以做神的使者。神对我并没有特别的启示。我坚定地相信，神每一日都在向所有人启示他自己，而我们却自己关上了自己的心灵之门，故而听不到那'细微的声音'……我只求做印度、做人类最卑微的仆人。我没有要创立一个教派的理想。创立宗派、做宗派的教主与

---

① 他的状态，却证明他确实是一个真正的圣人。

我的抱负无关,因为我没有创立任何新的真理。我只是追随与实践我所知道的真理。我真正想要做的,就是让古老的真理,绽放出崭新的光辉。"

就个人性格而言,不管作为印度的爱国者,或者是不合作运动的弘道者,甘地总是谦逊的,而且极度地认真,心胸宽阔,绝不狭隘。他不赞成专制,即使对事业的推动有益。决不能用新的不合作主义的压迫,来替代旧的政府主义的压迫。

甘地不会把印度置于其他国家之上,他的爱国主义也绝不局限在印度的疆域之内。"对我而言,爱国主义与人道主义没有本质的分别。我爱国,因为我是人,并备有了人的情感。我的爱国主义没有排他性。我不会以伤害英国,或者德国的方式来服侍印度。我的生命蓝图里,没有帝国主义的位置。如果一位爱国者缺乏人道主义,反而是冷漠的,那他也算不上是一位爱国者了。"

但是,甘地的那些追随者也都是这样理解的吗?在他们的嘴里,是如何讲述甘地的思想呢?而民众,又是如何理解他们的解释呢?

1921年,在欧洲行走了多年的泰戈尔返回印度,即便在归国之前,他就已经从欧洲写了一系列的信札给印度的朋友,表达了他的焦虑与不安,民众思想观念的转变,使他大为惊愕。他在《现代评论》上发表了好多封来信。[1]

---

[1] 这些信札,统一取名叫"海外来函。"1921年5月的《现代评论》发表了他于3月2日、5日和13日写的三封信。1921年10月1日的《现代评论》刊发了泰戈尔回国后写的《诉诸真理》。然而,这两位伟人并非只是用书面辩论的方式来讨论问题。他们也曾面谈了相当长的时间,但谁都没有发表公开评论。当时在场的C.F.安德鲁斯后来告诉我们说,在会谈时,双方也都是深入交流,又各持己见。

这两颗伟大的心灵，彼此欣赏，相互敬仰，但他们之间的裂痕，又如同存在于布道者与哲学家、圣保罗与柏拉图之间那样不可弥合，他们的辩论是极其重要、极富启示的。因为，从一方那里，我们拥有了志在塑造崭新人性的宗教信仰的精神与仁爱，而从另一方那里，我们则得到了广博睿智的思想，天性的自由与宁静，盼望用博大的同情心与理解力，去联合整个人类的世界。

泰戈尔常常把甘地视为圣人，我经常听到他用最崇敬的口吻谈起甘地。当我把列夫·托尔斯泰与甘地相提并论时，泰戈尔向我指出——现在，因为我更加了解了甘地，所以我也更加意识到这一点——甘地思想的光芒，比起托尔斯泰来，更加璀璨、更加明亮。对于甘地来说，世上万事万物，皆是自然的——谦卑、简朴、纯粹——至于他所有的斗争，因着宗教上的宁静，而被视为庄重、神圣；而在托尔斯泰那里，却是傲慢对抗傲慢、仇恨对抗仇恨、欲望对抗欲望，有关他的一切，都是暴力的，即使托尔斯泰的主张是非暴力的。

1921年4月10日，泰戈尔在伦敦所写的信里，有这么一句话，"我们应该感谢甘地给了印度一个机会，来证明她仍然相信人的精神里面确实有最神圣的一面，而且鲜活如初"。

尽管他对甘地领导的运动心存疑虑，但是，当泰戈尔从法国归来时，他仍然诚挚地计划，准备全方位地支持甘地。甚至在1921年10月发表的声明中，我们稍后会加以探讨——《诉诸真理》(An Appeal to Truth)，这份声明宣告了二人关系的正式破裂——它的开篇，也是用前人从未用过的、最优美的文字来向甘地致敬。

甘地一贯热爱着泰戈尔，即使他们意见不合时，也没有丝毫的改变。你会感觉到，他不愿与泰戈尔展开辩论，有些好心的朋友在甘地面前转述泰戈尔私底下的评论来加剧这些论战，甘地总是打断他们，并解释说他其实亏欠泰戈尔很多很多。①

然而，他们之间的裂痕不可避免地愈来愈深。早在1920年，泰戈尔就对甘地想用充盈着爱和信的精神财富来服务政治的目标表示不满，其实在提拉克死后，事情就已是如此。甘地进入政坛显然不是轻松愉悦之事。但是，自提拉克去世后，印度的政坛没有合适的领袖，总得有人接替他的位置。

甘地也说过："假如我想要投身于政治，那是因为今日的政治缠绕我们，正像一条蟒蛇将我们盘绕一样，无论我们如何挣扎，都解脱不了。我愿与它角力……我是要把宗教引入政治当中。"

这就是泰戈尔所叹息的。1920年9月7日，他写道："我们需要圣雄甘地所代表的全部精神力量，这世上唯有他一人能够代表这种力量。"这样珍贵的宝藏，竟然被弃在了不牢靠的政治小舟之中，遭受着争斗和愤怒之波无休止地冲刷、无休止地击打，这是印度的灾难！泰戈尔说，他的使命应该是"用灵魂之火，让死者从死里复活"。可是，现在把这种精神财富浪费在了用真理与道德之光审视颇为不配的问题上，这是相当令人惋惜的事情。"我们如果把道德的力量，转变为政治的力量，那就是犯罪了。"

当不合作运动波澜壮阔地开展时，当哈里发运动激发起动荡不安的局面时，当旁遮普邦的惨案发生时，泰戈尔的态度始终一贯。他害怕运动的后果会轻易激起民众歇斯底里的怒火，进而奋起攻击。他本

---

① 1922年2月9日发表的名为《神圣不宜发表》的文章中，甘地详细阐述了他与泰戈尔长久的友情。他经常造访泰戈尔位于圣蒂尼克坦的住家，并把它视为隐居之所。甘地自己出访英国时，孩子们也曾寄居在那里。

是想让人民的头脑远离仇恨，丢掉不切实际的幻想；他本想让人民放弃那不可挽回的，也好全心全意地为印度塑造一个崭新的灵魂。虽然，泰戈尔敬仰甘地的思想，敬重甘地火焰一般热烈的自我牺牲之精神，但他又痛恨不合作运动中所包含的那些否定的因素。他本能地回避所有支持"不"的那些事物。

这个信条使得泰戈尔将婆罗门教中的积极思想——即生命中的喜乐是受欢迎的，但是必须得到净化——与佛教中压抑与否定性的消极思想互相比较。对此，甘地反驳说，戒除之道和接纳之道同等重要。在人类演化的历史进程中，这二者是互相融合的。在《奥义书》中，其最关键的一个字，就是指向一个否定，奥义书圣者赋予"梵"（Brahman）的定义，就是著名的"涅谛，涅谛"（Neti, Neti），意思是"不是此，也不是彼"！印度早已经丧失了说"不"的权利，甘地又替她找了回来。故刘除杂草，与播撒种子，对于人类精神领域的耕作乃是一样重要、一样关键。

但是，泰戈尔显然很不相信刘除杂草的工作。

他沉浸在对生命诗意般的遐想当中，他满足于事物本然的样子，他在赞叹万物的和谐中得到了无比的欢愉。他用优美的诗句阐述自己的观点，但与现实生活却有了隔膜。他那些美好的诗句，如同娜塔拉加（Nataraja）舞王在舞动，在种种幻境中表演。泰戈尔说他试图让自己的思想与当时席卷全国的胜利的欢呼同频共振。但他做不到，因为在他的心里，不管自己的意愿如何，总是激荡着反抗的精神。"在令人绝望的黑暗之中，"他说道，"我看见了一抹微笑，我听见有一个声音在对我这样说话，'你要是与孩童们在一起，在世界之海的沙滩上游戏着、玩耍着，在那里，我与你同在。'"

泰戈尔用和声作曲，发明新的节拍，"终日里为乐器调理着琴弦，为它配音，如同孩子们沐浴在阳光里的舞蹈，又在欢笑声中纷纷散场、离去"。所有的创造，在他看来，都是欢乐的；鲜花和绿叶的律动，也从来不曾止息。神自己就是至高的魔术师，与时间玩耍，把满天星斗投掷在湍流不息的苍穹当中，把载满梦想的纸船，放入时日不居的河流里面。

"当我向他祈求，成为他的门徒并允许我把发明的玩具放入他的一艘载满欢乐的舟船时，他只是微笑着，我便跟从了他，挽住了他的衣袖。"

在这里，泰戈尔找到了属于自己的位置。"但是，在拥挤的人潮中，四面受困，我又是在哪里呢？谁又能理解我听到的声音呢？如果我听到了歌声，我的锡塔琴能捕获旋律，我能加入那盛大的和声，那只是因为我是一名生命的歌者。但是，在人群疯狂的喧嚷之中，我的声音哑然而失落了，我也晕眩了。"

他也努力在不合作运动的喧嚣中找到自己的音符，但是失败了。他对自己说："如果你不能在历史的生死关头与你的同胞们步调一致，还要提防着说对说错，那只好放弃自己在人群中的位置，回到诗人的角落，准备好接受公众的讥笑与谩骂了。"

这是歌德会讲的话，泰戈尔就是印度的歌德，酒神巴克斯也会这样讲。看起来，泰戈尔从此就下定决心了。他向不合作运动告别了，因为它含有否定的成分，他退回到了自己编织的、富有创造力的艺术世界中去了。但他还不只是退出。他说，命运驱使他驾着自己的方舟去抵抗时潮。在这时候他不仅仅是一名"诗人"，他还是亚洲派往欧洲的精神大使；他刚从欧洲回来，在那里，他邀请欧洲的人民与他合作，在圣蒂尼克坦建立一所国际性的大学。命运真是充满了讽刺，他在世界的一边宣扬东西方合作，而同时，在世界的另一边，却正在宣扬着轰轰烈烈的不合作运动！

因此，不合作运动在他的工作上与人生观念上，那是双倍地伤害了他。"我相信，"他说，"东西方之间要进行真正的合作。"

不合作运动，与泰戈尔的思维方式大相径庭，因为他的心智，他渊博的学识都接受着大千世界所有文化的滋养。"人类所有最伟大的特质都可以属于我，"他说，"至大无边的人格的世界（Infinite Personality of Man，如《奥义书》所说的），只能源自全人类最宏大的交响中和谐共处。我祈祷印度能够代表世界所有民族的精诚合作。为了印度的幸福，合作，就是真理；分裂，则是罪恶。合作，就是接受与理解世上的万物，所以，它不能从'不'中获得。现时，要把我们的思想与西方分开的企图，无疑是一种精神自杀的尝试……现在的这个时代，是西方占主导地位的时代，因为它有重大的使命需要完成。我们作为东方人，理应向西方学习。当然，我们甚为遗憾，我们已经丧失了珍视我们自己文化的力量，因此，我们也不知道应当如何正确地对待西方文化。但就此断言说，与西方的合作就是错误，这样将会鼓励最狭隘的地方主义，催生出最贫乏的智慧。这是一个世界性的难题。没有任何一个民族能自外于世上其他民族，而获得最终的救赎。要么，就一起得救；要么，就一起沉沦。"[①]

换言之，泰戈尔拒绝对西方文明的否定，就像歌德在1813年拒绝否定法兰西的文明一样。其实，甘地的主张并不是真的要在东西方

---

① 全文见于1921年11月的《现代评论》。

文明之间建立一垣高墙，但泰戈尔明白，一旦激发起印度狭隘的民族主义情绪，就会有人照此行事。他害怕排外主义不断地发展，当他的学生在运动一开始的时候找他寻求建议时，泰戈尔就表达了他的疑虑与不安。学校和大学罢课，那究竟是为了什么？他问道。"这样牺牲的是学生的利益，——为了什么？难道不是为了让教育更加完善，而是为了不要教育不成！"

在第一次印度自治运动期间[①]，有一群年轻的学生告诉泰戈尔，如果得到泰戈尔允许的话，他们就立即离开各自的学校与大学。但是泰戈尔拒绝了这样做，学生们被大大激怒了，他们便弃他而去，他们全都质疑泰戈尔的爱国热忱。

1921年的春季，当印度开始抵制英国式的教育时，泰戈尔也见识过一例在伦敦的印度民族主义知识分子恶意攻击事件。当时，泰戈尔的挚友皮尔森教授在举办讲座，有一些印度的留学生借机发泄自己的不满，不合时宜地进行民族示威。泰戈尔大为愤慨，他在写给圣蒂尼克坦大学校长的信函中，谴责了这种狭隘的观念，并把责任归咎于不合作运动。对于这个指控，甘地回应道："我不愿意我的居所四周高墙耸立，门窗被拥堵闭锁。我愿全世界的文化之风尽情且自由地吹入我的房间……但是，它们之中没有任何一缕风可以把我吹跌倒……确实，画地为牢不是我的宗教信仰。即使最卑微的神的造物，也都有它自身的栖身之地。但是，我的信仰中，又实实在在地反对厚颜无耻的以种族、宗教与肤色而来的傲慢与自大。"

随后，甘地还质疑自英国带来的那些知识性教育的价值，这种教

[①] 1907—1908年，在孟加拉地区展开了第一次印度自治运动——斯瓦德斯。

育对塑造人格与品行毫无裨益,他说,这是阉割印度青年的教育。甘地对自己的言语失当也做了道歉,同时称自己的态度并不狭隘,并不像泰戈尔所暗示的那样。

可是,这些坦诚和高尚的言辞,没有彻底消除泰戈尔的疑虑。他倒不是质疑甘地本人,他忌惮的是那些甘地主义的信徒。他从欧洲回国以后,稍稍与这些人一接触,他就开始担心了,发现了民众对圣雄话语的盲目崇拜。他觉察出思想专制的危险已若隐若现,故在1921年10月的《现代评论》上,发表了一份正式的宣言,题目为《诉诸真理》,这是反对盲目崇拜的呐喊。他的抗议特别强硬,即使在文章的开头是以优美的辞藻向圣雄致敬。在他描述完1907年到1908年第一次印度独立运动之后,泰戈尔解释说,那时的政治领导人都受到一种书生式理想的鼓舞,遵循着伯克(Burke)、格莱斯顿(Gladstone)、马志尼与加里波第(Garibaldi)的传统,他们的主张也能被精英分子所理解。简单地说,他们所践行的是英国式的理想。但后来,圣雄甘地出现了!他在成千上万的贫苦人民面前驻足,穿的与他们一样,说着与他们一样的话语。这便是最后出现的真理,不是从书本上摘抄下来的语录!

圣雄,这个印度人民赋予甘地的名字,是他真正的名字。谁曾像他那样与人民如此紧密地联结成了一体?谁曾像他那样,愿意把人民当成自己的血亲骨肉?在圣雄的感召之下,隐藏在灵魂中的力量也盛开绽放了,因为圣雄已经把真理变得切实可见。几千年前,当佛陀向人们开示众生平等、慈悲为怀之时,崭新而伟大的印度在他的感召之下,也同样盛开绽放了。焕发出蓬勃生机的新生的印度,跨越重重大洋与沙漠的阻隔,展现出科技与财富上的实力。没有任何商业,或是军事上的征服，能带来如此波澜壮阔的传播。因为，爱，就是真理。

行文至此，泰戈尔的笔锋一转，造神或册封的话语戛然而止，接踵而来的便是"骗局"（Deception）。即使身处大洋遥隔的欧洲，泰戈尔也能感觉到印度伟大复兴的震动。泰戈尔归国时忐忑不安，每当念及自己能自由地呼吸，享受和畅的惠风，他的心又充满了喜乐。但他一踏上印度的土地，喜悦的心情便随之跌落。一股凝重的气氛沉甸甸地压在了人们心头。

"好像有一种外来的影响力在强压着他们，研磨着他们，使大家众口一词地讲着同样的话。无论在何处，我都被告知文化与理性的力量应该腾出席位，占统治的，只能是无条件的服从。如此简单、如此粗暴地借某些外在自由的名头，来压制真正的灵魂的自由！"

我们现在可以理解泰戈尔的疑虑和他的呼求。这在所有的世代中都屡见不鲜。在分崩离析的旧世界里，最后一批抱有自由思想的人，也会对新兴的基督教世界的亮光发出同样的质疑。就连我们自己，在遭遇到日渐高涨的，只是盲目崇拜某种社会或国家理想时，也会升起同样的疑虑。

泰戈尔的反抗，就是自由灵魂对当前的时代信仰的反抗，对于少数被拣选的人而言，这种信仰是至高的自由，而对受他领导的大众而言，这种信仰无非是另一种形式的桎梏。

泰戈尔抨击的目标，绝不只是民众的狂热。它超越了盲从的大众，直接打击到了圣雄甘地。不论甘地多么伟大，他肩上的重担难道不是超过了一个人所能背负的吗？印度独立，这样伟大的事业不应该只依赖于领袖的个人意志。圣雄是爱与真理的领袖，谋求印度自治是复杂的、繁重的。"道路曲折，必须艰难求索。激情和狂热是不可少的,但科学和理性的思考一样不可或缺。全国人民都必须贡献出自己智慧的力量:经济学家要找到切实可行的致富方案;教育家要教书育人、培育德行;政治家要深思熟虑;工人阶级则要精勤劳作……无论在哪里,求知的欲望都必须得享受自由,不受任何的抑阻。无论何种压力,凸显的或者隐藏的,都不能凌驾于智识之上……"

泰戈尔还说:"在远古时代的原始密林当中,我们的先知,那些最富有远见的古鲁,他们呼召所有对真理的追求者,为什么引领我们行动的今天的古鲁,却没有做同样的呼召呢?"现在,甘地古鲁(Guru Gandhi)发出的唯一命令就是:"摇起纺车,纺纱织布!"泰戈尔又进一步问道:"试问,这是全新的、富有创造力的时代应该传扬的福音吗?如果自西方而来的大型的机械会成为一种危险,那么,小型的机器就不会给我们带来更大的危险吗?"其实,不单单是一国中的各种力量应当彼此合作,在万国里面的各种力量,也应当如此。"印度的觉醒与世界的觉醒彼此关联。一味的闭关锁国,则是对崭新的时代精神的践踏。"泰戈尔谈到了他在旅欧期间所认识的一些仁人志士,——他们从内心深处斩断了民族主义的枷锁,而愿意来服侍整个人类——他们还代表了世界公民中被压迫的少数族群,泰戈尔把他们与托钵僧(Sannyasins)相提并论,称他们是——"在灵魂深处实现了人类大同者"。①

泰戈尔又进一步发问道,难道今天的印度还应该独自喃喃自语,重复着"否定"的那一章论调,永远抓着他者的过错,将仇恨作为基础,以求得印度的自治?当黎明的鸟儿初初醒来,它并不只是为了求

---

① 桑雅生(Sannyasins),也译为"弃绝者""托钵僧"。他们是印度文化里面追求最高真理的一类群体,为了人类的合一,为了真道,舍弃了个人的一切。——译者注

得自己的食物。它展开双翼，回应天空的召唤，它啼声呜哢，以欢悦的歌唱，迎接新一天的时光。让印度以自己的方式，去回应新的人类发出的召唤吧！"在破晓的时分，我们的第一要务，就是谨记：神是一，不分阶级、不分肤色，神有至大的能力，他供给万物以万有，每一阶级每一人之必需。让我们向神祈求，赐我们以大的智慧，好彼此理解，好联为一体。"①

泰戈尔这些高贵而典雅的词句，宛如太阳一般温暖，超然于人类的一切争斗，其中最优美的诗句，也曾献给自己的祖国。对这些话语唯一可以批评的地方，只能说它们超脱得太高了，太令人高山仰止了。在永恒的光辉里，他无疑是正确的。如高翔天际的鸟儿，如鹰隼展翅的云雀，海涅（Heine）就是这样称呼音乐世界里面的大师，他们栖坐在时光的废墟上引吭高唱。泰戈尔就这样居住在永恒里面。但现时的需求迫在眉睫。逝去的每时每刻都在呼唤救世的良方，即使不完美，却也一样地被大声呼求着。在这一方面，甘地缺乏泰戈尔诗人般超脱的翅膀②，他觉得回应泰戈尔的这些话，如同一出儿戏。

而就在回应泰戈尔的文章里面，甘地表现出来的，是这场公开的争论进行到现在从未有过的激动。在1921年10月13日的《青年印度》上，他发表了极富感染力的反驳性文章。甘地感谢了这位"伟大的哨兵"③警告我们的印度，以避免跌入了前方的陷坑。他赞同泰戈尔的说法，最重要的，就是保持思想的自由。

---

① 这是泰戈尔对《奥义书》当中一个著名诗节的改写。
② 或者，甘地可能更像慈悲的菩萨那样，放弃超凡入圣，愿意与众生一起，生活在无边的苦海之中。
③ 在1921年10月13日的《青年印度》上，《伟大的哨兵》就是这篇文章的题目。

"是的,我们不应该把自己的理性交由他人来操控。对爱的盲目顺从,比起暴君鞭打的屈从更为有害。因为,被暴行奴役尚有反抗的希望,而被爱奴役,则毫无希望可言。"

泰戈尔是一名哨兵,他警告我们,敌人正在迫近,它们就是固执、倦怠、偏狭、无知与懒惰。但甘地并不觉得泰戈尔的这些疑虑是合理的。圣雄总是诉诸理智之指引。当下的印度并不仅仅是因盲目的顺从而行动的。如果整个国家决定"纺纱—织布",这也不过是深思熟虑后的理性选择。泰戈尔经常提到忍耐,并陶醉于优美的诗歌之中。但我们不要忘了还有战争在发生。让诗人把他的七弦琴束之高阁吧!让它等战争结束后,再来高声吟唱吧!当房屋失火的时候,所有的人所应该做的,那就是出来提水、灭火。

"当我的四周饿殍遍野之时,唯一蒙应允的工作,就是赈济饥饿者。现在的印度,就如同一幢罹患各种灾难的房屋。她正因着饥荒而奄奄一息,她没有工作来养活自己的人民。库尔纳(Khulna)的民众在忍饥挨饿,割让区(Ceded)的族群正遭受第四次饥荒的打击,奥里萨邦(Orissa)的人民也在忍受着周期性的煎熬。印度的贫困,一日胜似一日。她从头到脚的血脉之流通,几乎中断。如果我们再不加以照看,她就要彻底崩溃了……"

对于一个无所事事,偏又极度饥饿的人来说,唯一能让人接受而且神明也愿意理解的方式,就是提供就业,并承诺食物的报酬。上帝造人,是以劳作换取食物,并说不工作就得食是偷窃。我们必须念及今日仍有上千万挨饿,且濒临死亡的人,他们的处境,简直连动物都不如。这些饥饿,就是印度纺纱织布的强大理由。

诗人是为了人类的明日而生的,他却要我们与他一样。他带我们凝视着美丽的画面,欣赏着鸟儿于清晨的自在鸣啭,并且还高唱赞歌在蓝天中翱翔。它们的食粮已得饱足,它们的双翼已得安息,翅膀中流动的血脉,从更早的一晚就已经得到了新鲜血液的补充。但是,我也曾痛苦地看见那些失去力量的小鸟,纵然百般逗弄,也无法使它扇动一下翅膀。在印度的天空下,如今的许多人也如同这样的小鸟一般,清晨醒转时,却比它不安的睡眠更为羸弱。在千千万万的人看来,生命要么是在经历永远警醒的苦楚,要么是在品尝永远沉睡的昏寐。我已经发现,想用卡比尔的诗歌来安慰卧疾受苦的人,几乎是不可能的。

给他们工作,让他们可以养家糊口。"我不需要靠工作来糊口,为什么我也应该纺织?"可能有人会这样发问。那是因为我的食物原来并不只属于我。我是靠掠夺我的同胞而过活的。请你详细考究一下,每一枚钱币究竟是如何进到你的口袋里的,你就会明白我这样书写的真理。任何人都必须纺织。让泰戈尔与别人一样,去纺织吧。让他把身上的洋服焚毁吧,这就是今日的责任。明日的事情,自然会有明日的神来照看。就如《薄伽梵歌》所言的,谨守你的正道吧!"

这是多么黑暗、多么凄苦的画面!

在这里,我们看到了悲惨世界正横亘在梦幻的艺术世界之前并大声呐喊道:"你敢抹杀我的存在吗!"谁还能不与甘地产生共鸣,不与他分甘同味呢?

尽管甘地的回应如此骄傲,又如此悲伤,却总有一些泰戈尔无法释怀的疑虑:让诗人闭嘴吧,那就是强行让人保持缄默,并且为了事业要服从一种专横的纪律。服从而不争论,就是自治运动(Swadeshi)的法则,它的第一条命令就是:纺织!

在人类的战场上，服从纪律，无疑是一种责任。但是很不幸，执行纪律的受托人只是领袖的随从，他们的思想观念可能是狭隘的。他们可能误把为实现理想而执行的纪律，当成理想本身。纪律会用它的严苛来诱惑他们，因为他们唯有在窄窄的路上行动才会感到愉悦。他们把印度自治当成了根本，当成目标，而不是达成目标的一种途径。在他们眼中，自治几乎就是神圣的语言了。

有一位甘地主义的信徒，在阿默达巴德的真理学院任教多年的D.B.卡勒尔加尔（D.B. Kalelkar）教授，他与甘地的心灵颇为接近。他曾写有一本书，名叫《自治的福音》（Gospel of Swadeshi）①，甘地为此书作序，并赞同书上的观点。这本小册子原是写给普通大众的。卡勒尔加尔教授认为自己是从教旨的源头得到了滋养，此处，我们不妨来考察一下他所教导的信条：

"神，不时在大地上现身以拯救世人。他不一定要幻化成人的样式……他也可以存在于某种抽象的主义中，或者存在于某种救赎世界的理想里面……他最近一次的现身，便是在此《自治的福音》一书中……"

这位福音的使徒，也意识到如果仅仅把自治理解成抵制英国货的话，只会让高明的人付之一笑。抵制洋货只是一种表现形式，印度自治则是"一种深邃的宗教思想，它将使全世界免除战争与仇恨，并解放全人类"。它的精髓也可以在印度的圣典当中找到：

你自己所信奉的律法——换言之，就是在宗教里面属于你自

---

① 《自治的福音》，1922年版，马德拉斯。

己的命定或者说拯救之道——虽然并不完美，但是，对你而言，就是最好的。若达成的理想非你所愿，这些成就本身就是充满危险的。唯有那完成每一个人本分所当做之事，才能得到真正的幸福。①

印度自治的根本之道，源自对神的信仰。"神在永生里面，已经为世界预备了喜乐。他把每一个人都放在最合适的环境中，以完成他命定的任事。每一个人的事工与他的志向都应该和他在世上的位置相互匹配。我们无法任意选择自己的文化，正如我们不能随意地选择我们自己的出生、家庭或者国别一样。我们应当接受神所已经赐予的，我们必须接纳出于神的各样传统，并把它看成是一种不可辜负的职责。违背传统，就是一种罪。"

在这样的一些前提下，就会推导出一个国家的人民应保守自己的传统，而不干涉其他国家的内部之事。

"那些印度自治的信徒，永远不会把改天换地这样一个虚夸的责任扛在自己的身上，因为他们相信，世界是按照而且将永远按照神所设立的规则与道路前进的……不应该期望由别的国家来供给本国的需求，即便是出于慈善事业的缘故，即便是有最大的可能，也不应该抱有如此之期待。印度自治真正的践行者，他们是不会忘记每一个人同为肢体手足，但在特定的境况里完成自己所赋予的使命，就是每一个人自己所应尽的本分。就如同我们必须在身处的世代中，以自己来拯救自己，必须为自己的祖国鞠躬尽瘁。我们灵魂的救赎，也只有在自

---

① 参见《薄伽梵歌》第三章第35节。——译者注

己的宗教与文化当中寻获。"

那么，可以允许一个国家抓住一切机会扩展工商业的资源吗？回答是不可以。发展印度的制造业，是一个不值得拥有的抱负。这就是让印度人违背了他们自己的信条！出口自己的产品或进口别国的商品，都是一种罪过。"印度自治的精神，排斥改变自己的信仰。"这套理论，从逻辑上会推导出输出思想与输出商品一样，都是有罪的，对此，欧洲人的确会感到错愕。如果印度曾经在历史上遭受到痛苦的羞辱，这是祖先们与古埃及人、古罗马人通商所累积的罪行的责罚，世世代代都在蓄意地重复着这样一类罪行。任何国家，或是任何阶级，都应该尽忠于自己的职守，从自己拥有的资源当中，汲取自己的养分，并受自己固有的传统之启示来行诸般的事情。

"我们应当避免与风俗习惯不一样的人们亲密。我们的生活不应该与理想不同的人混杂在一起……每一个人都好比涓涓之细流，每一个国家都是一条大河。他们必须清澄明洁地沿着自己的河道，汇入最后的拯救之海，在那里融合为一。"

这不就是民族主义得胜的凯歌吗？不就是最狭隘、最纯粹的民族主义吗？待在家里，闭门锁户，不要丝毫的改变，一切事情维持原状，不用输出，不用买入，振作与洁净自己的身心！这真是中世纪僧侣们的福音！① 而像甘地这么开明的人，居然也把自己的名字，一起

---

① 然而，这本"福音书"也有描写伟大道德力量的话语与优美的言辞。不要施行报复。"逝者如斯，不可挽回；过去只是永恒时光的一部分，没有办法改变。不要报复、不要责罚过去的不义和过犯。把已死的过往一起埋葬。只在活生生的当下行动，心在里面，神在前头。"这本书从头至尾，都像一条冰河一样，充满着凛冽纯洁的气味。

联署在这样的福音里面。

当我们面对着这些反动的民族主义空想家,泰戈尔的那些疑虑,显然是情有可原的。难怪他要避开这些传道者,因为他们是逆着时代前行的步伐,囚禁了自由的灵魂,焚毁所有与西方沟通的桥梁。[1] 可是,就实际而言,甘地的主张里一点也没有这种意思。这可以从他给泰戈尔的一次回复当中可以看出,他说:"印度自治,是一份向全世界传扬的信息。"世界是存在的,甘地从来没有忽略过它,也并不排斥"信条的更改"。

他说:"不合作运动,不是用来反抗英国人,或西方人。它是来反抗物欲横流的文明,反抗因它而滋生出来的贪婪与对弱者的剥削。"换而言之,它是向西方的谬误宣战,而不是与西方为敌。西方世界也将由此而获益。"不合作运动,它只是属于让我们自己回到自己的一种道路。"是一种暂时的自我寻觅,以便印度能够集结出自己的力量,好服务于全人类。"印度应该先学习如何自我生存,然后才能为人类自我奉献。"所以,甘地并不禁止与欧洲的合作,只是欧洲要顺应他所坚持的全人类的理想蓝图。

与这本甘地认同的福音书相比,甘地主义的真谛要更宽广、更符

---

[1] 泰戈尔对这部写于甘地真理学院的作品特别敏感,因为在甘地学院与他的圣蒂尼克坦大学之间,隐隐存在着一种紧张的关系,而他们二人都在尽力消除。1922年2月9日,甘地在《青年印度》上撰文,抱怨一名记者误引了他关于甘地学院的话,会让人认为是对圣蒂尼克坦大学的批评。甘地说他很尊敬泰戈尔的学校,还带点幽默地说,如果让他决定这两所学校孰优孰劣,他会选择泰戈尔的学校,虽然甘地学院戒律严明,但圣蒂尼克坦大学是老大哥,在创办时间和智慧上都要稍胜一筹。但甘地也说,让圣蒂尼克坦大学的拥趸们留心这小小学院未来的成长吧。

合人性，也更具有普世价值。① 甘地为什么会允许这本小册子借用他的名义传播呢？为什么他要让自己极恢宏、极壮丽的理想，可以在全世界广为流传的信息，囚禁在一个狭隘的、政教合一的印度式牢笼当中呢？是的，要提防那些信徒！他们的信条越纯粹，就越是有害。神啊！请保守这位伟大的人物，把他与那些只会片面理解他的理想的朋友区隔开来。正是他们，把理想变成教条，把鲜活化为尸体，摧毁了灵魂的和谐，而这原本就是最真正的福祉。

当然，这还不是事情的全貌。接近导师的弟子们起码还是受到了那种高贵的精神熏陶，那弟子的再传弟子们又当如何？至于其他人与一般的民众，他们所听到的，难道不就是甘地思想模模糊糊、断断续续的回声吗？对于这种净化心灵的福音，与创造性的扬弃，他们又能够理解多少呢？他们就如同期待弥赛亚（耶稣基督）降临那样，在等待着印度自治的出现。很不幸的是，对他们而言，甘地主义表现出来的是最粗浅、最物质化的形式，那就是手纺车！这是对所有历史进程的否定！倒退回了古老的蛮荒时代！当这些非暴力的传道者也在鼓动暴力，甚至当甘地也不能保证绝对地不使用暴力时，泰戈尔的惊恐是情有可原的。甘地说过，假如他自己开始仇恨英国人，他就要从战场上离开，退隐自省，因为人要爱自己的敌人，恨的是他们的恶行，

---

① 在我看来，甘地与泰戈尔这两个人的思想，都具有普世性的价值，只是表现的形式不同而已。甘地的普世价值带有宗教色彩，而泰戈尔则偏重知识精英的层面。甘地并不排斥任何人参与祷告，以遵行日常的职分，就像初期的基督徒，并没有区分犹太人与外邦人，二者都同样遵循着心灵上的训诫。这也是甘地想做到的，他的局限不是指他的心灵，他的心几乎与耶稣基督一样宽广，他的局限是指精神上的禁欲和克制。（基督也是如此！）甘地的普世价值具有中世纪的色彩，在敬仰他的同时，我们也许会更加理解和赞同泰戈尔。

"仇恨撒旦的思想，但却要爱撒旦的本身"。对普通人而言，这样的区分实在是太精微而无法把握了。当每次国民代表大会召开时，领袖们激烈而又滔滔不绝地声讨英国人的罪行与背信弃义，愤怒和仇恨的情绪，就像是在水闸外面高涨，要当心水闸被突然冲垮！甘地向泰戈尔的朋友安德鲁斯解释，1921年8月，为何他倡导在孟买焚毁贵重的物料，"他要把对人的憎恶，转移到对物上面去"，他没有意识到民众的怒火愈烧愈旺，他没有意识到民众身上那些最本能的逻辑，"先烧东西，再收拾人！"他没有预见到随后不到三个月，同样在孟买，人将要成为杀人的刽子手。甘地太神圣了、太纯洁了，他自己完全没有被蛰伏在人性中的兽性所沾染。他做梦都没有想到，这些全都潜藏在民众那里，他们囫囵吞枣般地听着他的话语，而会加倍地表达出来。就此，泰戈尔的眼光更为锐利，当尚未深入思考的不合作运动的参与者们在揭露欧洲的罪行，在宣扬非暴力的同时，也在人们的思想中植入了在暴力那里不可避免要发生的类似病毒，他意识到危险近在咫尺！但他们并不觉得，这些使徒觉得自己的心中并无恨意。

但是，指引人们行动的领袖，必须了解他者的心灵，单单知道自己的心显然是不够的。要提防多数人的暴政！要当心邪恶的力量！唯甘地一个人的道德训诫，是不能够抑制这一切的。防止失控并驯服它，使它屈从于领袖严厉律法唯一的办法，可能就是让甘地成为神的化身，就像有些人偷偷地把甘地画成了克利希纳神，并希望他能成为神一样。但甘地的诚实与谦卑，阻止自己扮演这样的角色。

因此，一个最纯净的人，其孤独的声音回荡在这一喧嚣的人潮之上，但他是唯一的，是寂寞的！他的声音，需要等待多久才会被人们听清？这是多么沉重，又是多么悲切的等待啊！

第三部分

一

1921年，不合作运动发展得非常迅猛。这是一个期待与意外并存的年份，暴动频仍，充满了不确定性。甘地也不可避免地受到了一些震荡。

长久以来，敌意都在暗暗滋长，终于，在政府粗暴的压迫之下，爆发了公开的起义。在马莱冈（Malegaon），在纳西克区（Nasik），在比哈尔邦的吉里迪（Giridih）都发生了暴动。1921年5月初，在阿萨姆邦（Assam）爆发了严重的冲突。一万两千名在茶园工作的苦力开始罢工，政府招募了廓尔喀士兵①来攻打他们，在东孟加拉，铁路工人和蒸汽轮船工人一起，组织了两个来月的罢工以抗议政府。甘地竭尽全力来平息骚乱。5月间，他与总督里丁伯爵（Lord Reading）做了一次长时间的磋商，他用自己的影响力来感服穆斯林兄弟，据说，他们是用煽动性的演讲来激起暴乱。甘地劝服他的伊斯兰朋友们"从直接或间接的暴力中克制"。

---

① 在印度，廓尔喀战士在历史上的骁勇善战是出名的。英属印度军队最后一任总司令山姆·曼尼克肖曾云："如果有人说他不怕死，那他不是疯子，就是廓尔喀人。"廓尔喀战士威名赫赫，是南亚次大陆最有声誉的职业战士，他们曾远征欧洲与南洋。——译者注

然而，随着时间的流逝，不合作运动的威力也日益增长。伊斯兰教的成员尤其变得无所顾忌。例如，全印度的哈里发大会于7月8日在卡拉奇（Karachi）召开，大会重申了伊斯兰教徒的诉求，它宣布不准任何穆斯林在英国军队中服役，也不准协助募兵。实际上，大会越走越远，甚至威胁说，要在印度成立共和国，如果政府对安哥拉（Angora）领导人的敌对立场没有改变，国大党也将在12月举行的全国委员会上倡议公民的不服从运动。随后的7月28日，国大党委员代表会在孟买召开，①大会还决定，抵制即将访问印度的威尔士亲王，并宣布，抵制所有外国原料的决议将于9月30日前生效。大会也采取措施，加强管理全国性的纺纱和织布，同时敦促组织一个更激烈的运动来反对酗酒的恶习，尽管政府一直支持酒商。比起穆斯林的哈里发大会，国大党更稳健，它否决了革命的趋势，否决了"公民不服从"的运动，而主张更积极地宣传非暴力的原则。

同年8月，莫普拉斯（Moplahs）突然发生暴动，并持续了数月之久。甘地决定和毛拉纳·穆罕默德·阿里一起从加尔各答前往马拉巴（Malabar）试图平息它。但政府逮捕了毛拉纳和他的兄弟毛拉纳·赛克·阿里，同时被捕的还有其他几位伊斯兰教的著名人士，他们被指控在哈里发大会上鼓吹"公民不服从"运动。阿里兄弟被捕的消息一经传出，哈里发中央委员会便在德里开会，一致通过了哈里发大会的决议。于是，印度到处都爆发示威游行，表明民众都拥护它。甘地在10月4日宣告他的运动和穆斯林的运动是结成一体的。在一篇由五十位享有盛名的全印代表大会代表联署的宣言当中，甘地宣告

---

① 这是根据新宪章选举出来的第一届委员代表大会。

了每一位公民都有权利发表对不合作运动的意见,他还补充说,所有的印度人,无论是平民还是军人,都不要为一个在道德上、政治上与经济上贬低印度的政府服务。他认为,与这样的政府断绝合作是应尽的义务。阿里兄弟的案件在卡拉奇宣判了,他们与一起被捕的穆斯林兄弟都被判处两年的监禁。

面对这个判决,印度人民群情激奋。全印代表大会委员会于11月4日在德里通过了甘地的宣言。委员会顺应情势授权每一个省份履行职能,开展"公民不服从"运动,第一步,从拒绝向政府纳税开始。然而这些"反抗者"首先要宣誓完全服从不合作运动的规划,包括手工纺纱,发誓永不施行暴力。换言之,在甘地思想的指导之下,委员会努力将反抗政府、服从纪律与自我牺牲的主张联结起来。为了彰显运动的公平与公正的特性,反抗者们被告知,无论是他们自己,或是他们的亲属,都不能从委员会那里得到钱财上的资助。

威尔士亲王于11月17日抵达孟买时,大规模的反抗运动已经颇有成效。抵制运动如火如荼地在低收入阶层和中产阶层中开展,而富人们,帕尔西人和官员阶层完全漠视这些抵制运动。他们的态度招致了民众的强烈愤慨,他们捣毁了富人的房屋,劫掠屋中的财物,没有一家可以幸免,即使是妇人的房屋,也同样遭难。很多人罹难或受伤。

然而,孟买这里,是唯一发生暴力事件的地方。在印度的其他地方,预定的罢工在平和有序的宗教氛围中进行着,没有发生任何骚乱。但孟买暴乱的消息"像一支利箭,直穿他的心脏"。甘地一听到这个消息,就立刻赶往暴乱的现场,当民众欢呼他的到来时,他却感到无边的耻辱。他愤怒地要求人群保持秩序,命令他们解散。他说,如果帕尔西人愿意，他们有理由欢迎亲王的到来，但不管怎样，暴力总是没有任何理由的。人们静静地听他讲话，但在更远的地方又发生了骚乱。最邪恶的那些元素好像突然之间从地底下钻了出来，而那充满了狂怒与仇恨的两万左右民众，在短时间内，很难把他们带回到理智的轨道上来。暴乱仍只是局限在少数地区，造成的破坏，即使与欧洲革命所造成的最小后果相比，连一半都还算不上。然而，甘地对孟买的人民和不合作运动的参与者发出痛心疾首的呼吁，他说，这样的事件足以证明群众对"公民不服从"运动准备得并不成熟。因此，他要求停止宣传它。他因追随者施暴而惩罚自己，每一周都强迫自己做二十四小时的宗教式的禁食。

但是，那些旅居于印度的欧洲人对孟买的暴乱警觉不深，他们反而被席卷全国的大罢工如此一致的沉默所震惊。他们敦请印度总督与他的政府采取行动，各省都颁布了一系列镇压的措施。1908年，为了防止起义曾制定过一项针对无政府主义者和秘密社团的法令，如今，这条旧法令重新出炉，用来对付国民大会与哈里发大会的志愿者联盟。有上千人因此而被捕，但这不过促使了更多的新人卷入，成为其中的志愿者，各省的委员会将培训他们。与此同时，又有一场大罢工定于12月24日举行，威尔士亲王将于同一天访问加尔各答。那一天，亲王巡视的将是一个寂静的、如同沙漠一般的城市。

当印度国民代表大会在阿默达巴德召开时，革命的火种于全国各地潜滋暗长，随时随刻都会成燎原之势。会议的气氛之庄严与肃穆让人印象深刻，这就好像1789年的法国大革命前夜所召开的三级会议一样。而大会的这位主席刚刚出狱。讨论进行得非常简短。大会重申了对不合作运动的信仰，还邀请了所有公民登记加入志愿者行列，并做好了被捕的准备。它也敦促民众在各地组织大型的集会；然后发表言论说"公民不服从"这个武器，与武装起义同样有效，但比后者更符合人性，一旦民众领悟到了非暴力原则的真谛，大会将提议再推行"公民不服从"运动。由于意识到很多成员在会议结束后将会被逮捕，大会就把它的权力授给甘地，请他担任事实上的独裁者，并授权他指定自己的接班人。这样，甘地便成为能够制定印度政策唯一的领袖。大会只在一点上限制他的权力，就是甘地应该承诺不更改国家的宪章，也不准在未经委员会批准的情况下与政府媾和。当时，大会中有一派人试图通过一项决议为了实现印度独立允许使用暴力，但这项决议被大多数人否决了，因为他们相信甘地的主张。

在接下来的几个星期当中，全印度都充满了一种宗教式的热诚。居然有两万五千名群众，不分男女，皆都欢然就捕。在他们的身后站立的则是无数的民众，他们随时准备着牺牲自己，以证明对印度伟业的无上信仰。

二

这些时候,甘地相信大规模开展全国性的"公民不服从"运动的时机已经成熟。他在孟买的一个模范区巴尔多利(Bardoli)①叩响了发令枪。甘地的理念在这里都能得到理解和执行。1922年2月9日,甘地发表了致总督的公开信,阐述了他的计划。这封信虽然措辞婉约,但确凿无疑是一封宣战书。甘地表明,自己是不合作运动的领导人,所有的责任都由他背负。大规模的非暴力反抗,将从巴尔多利开始,它反对的是一个粗暴的、侵犯出版自由、结社自由与言论自由的政府。甘地限定里丁伯爵七天内改变政策。如果总督"不愿意,或不能看到这个简单到令人难以置信的议题……",他将宣布开始"公民不服从"运动。②

几乎就在这封信发表的同一时间,突然爆发了一起比其他地方更严重的骚乱。在戈勒克布尔市(Gorakhpur)的卓里卓拉(Chauri-Chaura),民众游行的队伍刚刚走过,有一些掉队者"受到了警察的盘查和虐待"。当民众乘怒攻击警察时,警察开枪还击,当子弹打光后,

---

① 这个区有140个村庄,87000名人口。
② 同一天,《青年印度》也刊载一份更加明确的启事,如果总督不予回应,"公民不服从"运动将会开展,即使违背大多数人的意愿也在所不惜。

他们逃回警察的驻所以躲避民众。可是，众人却放火烧毁了警局。被围攻的警察无论如何乞求饶恕，也一概被置之不理。他们都被无情地烧死了。

因为是警察挑衅在先，而且没有任何一个非暴力的志愿者参与攻击，甘地本可以辩称这起暴行不该由他负责。但他已经成为印度良心的象征。无论他同胞中任何一人的罪过，都足以让他痛彻肺腑。万方有罪，罪在朕躬。他一人就把全国人民的罪都负担起来，他的震骇也达到了顶点，他第二次终止了自己刚刚发动的"公民不服从"运动。这一次的情形比起孟买暴乱时更为复杂，就在几天前，他刚刚给总督下达了最后的通牒。他要怎样收回这个最后通牒而计划不被当成不合逻辑和荒唐可笑呢？"是撒旦阻止了它！"甘地这样回应道。他意识到撒旦借着人类的虚荣心发声，甘地决定撤回他的宣言。

1922年2月16日，《青年印度》上登载了一篇人类历史上杰出的文章之一。它是甘地撰写的《我的过错》(*Mea Culpa*)，这是他公开的忏悔。甘地感恩神使他谦卑，这些感恩神的话语从他的口中，从他深深痛悔的心中喷涌而出：

"神的恩典已经丰丰富富地临到了我。他已经三次警告我，说印度还没有具备开诚布公与成熟的非暴力氛围，只有在这种氛围中，民众的不服从才能被证明是正当的，而且不服从才可以被冠以'公民'的头衔，它意味着绅士的、坦诚的、谦卑的、洞悉一切的、主动的、仍然保有爱的，以及绝不犯罪与彼此仇恨的。神第一次警告我，是在1919年罗拉特法案引发暴乱的时候。阿默达巴德、维拉姆拉各和凯达都走错了路途。我收回了跨出去的步伐，称它们是喜马拉雅山一样巨大的失算，我在神和人面前屈膝，我不单单终止了大规模的'公民不服从'运动,甚至也终止了自己的;第二次是神通过孟买的事件,给我一个骇人的警告,他让我亲眼见到了……我决定并宣布,停止即将要在巴尔多利开展的不服从运动。这次的事件,比起1919年的更让我蒙羞。但它对我有益,而且我确信印度也会因此而获益。通过终止运动,表明印度是拥护真理与非暴力主义。

"但是,最痛苦的耻辱还是来了……神透过卓里卓拉清楚地显明了他的旨意……当印度自称是非暴力的,并且希望借此而登上自由之巅时,即便是回应严重挑衅的暴力行为,也是一种不祥的预兆……要想通过非暴力以求得自治,就必须事先确保非暴力原则能降服我们国家中的暴乱分子。唯有成功地管束印度的非法之徒,非暴力的不合作运动才能真正成功。"

因此,当甘地把他的疑虑和困扰带到2月11日在巴尔多利召开的常务委员会上时,委员们绝大多数赞同了他,甘地说:"从来没有一个人,能够像他自己一样有福,能得到同事和伙伴们这么多的谅解和宽恕。"

他们对甘地的疑虑表示了理解,并依照他的请求,取消了开展"公民不服从"运动的命令,与此同时,他们敦促一切组织机构都要为创造非暴力的氛围,而精勤努力,而发奋创造。

"我知道,这样激进地全盘推翻进攻的计划,从政治角度上看,确实是不合理和不明智的,但是毋庸置疑,从宗教的立场出发,却又是合理的。印度将从我的羞耻与对错误的忏悔中获益。我唯一要宣扬的美德,就是真理与和平。我并没有主张超乎人力之上的权力。我一无所求。我的血肉之躯和我最羸弱的同胞一样容易朽坏,我也和其他任何人一样容易犯错。我给出的那些对印度的服务,自然会有很多的局限，但神一直保守赐福到今天，尽管它并不完美。

"对过失的忏悔，如同一把扫帚涤荡尘埃，让大地的表面更加洁净、更加明亮。我越是忏悔，也越是坚强。我们的事业也会因往后退一步而越加兴旺。没有一个人因为执意地偏行直路而能够到达最后的终点。有人极力主张卓里卓拉影响不了巴尔多利。……我完全相信这一点。在我看来，巴尔多利的人民是全印度最热爱和平的人。但巴尔多利毕竟只是印度地图上的一个地方。除非得到其他区域的完美合作，否则它的努力不会取得真正的成功……就像在一壶牛奶中，加入一点点砷，牛奶就不再是食品，在巴尔多利的文明行动中，也加入了一点点来自卓里卓拉的致命毒素，文明就不被接纳。卓里卓拉和巴尔多利一样，都代表了印度。确实，卓里卓拉事件是被激怒后的反应。但'公民不服从'运动不应该是被激怒而犯事者。它要预备着默默地承受苦难。这样的效果虽然温和，且不易觉察，但偏又确实不可思议……卓里卓拉的悲剧，如今就像手指一样地指引着前面的道路。它指明了，如果印度没有做好充分的准备，就容易陷入歧途；如果我们不想把非暴力衍变成暴力，那很明显，我们应该快速地后退，重新建立和平的氛围。除非我们有把握在开展大规模的反抗运动时，即使政府不断地挑衅，我们还能维持住和平，否则我们就不要想开始大规模的'公民不服从'运动……就让我们的对手炫耀我们的耻辱和所谓的失败吧。我们宁愿被人指责为'懦夫'，也再不愿犯下背弃誓言、冒渎神明的罪过。"

甘地像使徒一样，又想着如何赎回他人所流的血：

"我必须洁净我自己。我要成为更合适的器皿，这样才能记录灵魂深处那些最微小的振动。我祈祷要有更精微的真理之启示、更顺从的谦卑之跟随。最能洁净我的,莫过于禁食了。为了更充分地自我表达,为了灵魂能胜过我的肉体,禁食,乃是让我得以成长的最强大的因素。"①

他持续地禁食五天。然而他没有要求身边的人遵循他的做法。他要惩罚的是他自己。"我就像一名学艺不精的外科医生,却要处理一个众所周知、极为危险的手术。要么我必须让位给合适者,要么去深造更高明的技能。"他的禁食是一种赎罪,也是一种惩罚,为了他自己,也为了那些在卓里卓拉高喊着甘地的名字而犯罪的暴乱者。为了他们,甘地愿意独自受苦,但他也建议他们自愿地向政府自首,并做洁净忏悔的祷告,因为他们伤害到了本来想要服侍的事业。

"我宁愿自己承受羞辱,承受所有的痛苦,永远被放逐,甚至死亡,只要能使运动远离暴力,或者暴力的前因。"

在人类心灵的进步史中,几乎找不到这么高贵的篇章。这样的一些举动在心灵上的价值是无与伦比的,但作为一项社会化的政治举措就令人困惑与不安了。甘地自己也承认道:"从政治立场上看,是不合理与不明智的。"已经集合起了全国的力量枕戈待旦,屏息等待高举的手下达最后的命令,以展开计划好的各种行动,可是,在最后的关头,高举的手突然垂下了,一而再再而三地要求停止行动,而这时庞大的机器,却已经启动就位了。这是非常危险的,要冒着刹车毁坏动力系统瘫痪的巨大风险。

所以,当国民大会于1922年2月24日在德里召开的时候,甘地就遭到了极大的反对。巴尔多利常务委员会于11日做出的决议原是

---

① 多么有智慧亮光的话语啊!它折射出灵魂深处神秘的力量,深深地铭刻在他的人民心中!

在争议中通过的，如今，不合作运动的参与者就分化成了两个阵营。甘地主张在开展"公民不服从"运动之前，民众应该有更完全的准备，他也提交了一份建设性的纲要。但很多的代表不能忍受独立运动的进展之缓慢，他们反对停止"公民不服从"运动。他们称甘地的方式是在浇灭全国的热忱。有人提议投票，谴责常务委员会，并试图取消他们的决定。然而最后是甘地取得了胜利。但他极为痛苦，甚为难受，因为，他意识到大多数人都不是真诚地支持他，他知道不止一个投赞成票的人在背地里称他为"独裁者"。他深深地知道，自己不能再代表全国人民的情感了。1922年3月2日，凭着他大无畏的挚诚，他承认道：

"或有意或无意的暴力之暗流，是如此地汹涌澎湃地激荡着，以至于我的每一次祈求，实际上都导致了灾难性的失败。我历来属于少数派。

"在南非，我一开始的时候是众人拥护的，后来变成只有六十人，甚至十六人在支持的少数派，然后又重新得到大多数人支持……最完美与最坚固的工作，都是由少数人拓荒来完成的……我知道，政府唯一担心的，是看起来我在指挥着千军万马。其实他们不知道，我比政府还更加担心大多数的群众。他们未经思考的盲目崇拜简直让我厌烦。如果他们向我吐唾沫，那会让我更加明了自己的位置。

"有一个朋友警告我，不要利用自己的'独裁权'。我开始反省自己是否曾经无意识地让自己'被利用'！我承认现在对这一点的担心比以往更甚。只有站立在我的羞耻中，才能带给我安全感。我也曾警告过委员会里的一位朋友，说我是一个不可救药的人。每一次群众犯下了大错，我都会持续地忏悔。这个世界上，我唯一能接受的独裁,就是发自我内心深处那个'细微的声音'。即使要面对的前景,是需要我做一类孤独的少数派,我也谦卑地相信,在这样似乎无望的少数中,我也仍然充满了勇气。对我而言,这少数派的位置,正是我真正的立足之地。为此,我确实也会感到伤感,但是今天,我更想成为一个睿智的人。我看到我们的非暴力精神,只是流于表面,根底极浅。我们都怒火中烧。政府又用冷漠无情的行为使之火上浇油,好像政府巴不得这片土地上充斥着杀戮、纵火和劫掠,以使自己再次独揽大权,好行其镇压之举。

"因此,这样的一种非暴力,看起来仅仅是出自我们的无奈,好像我们在心里酝酿着复仇的盼望,一旦有了机会,就第一时间表达了出来。真正的、发自肺腑的非暴力能从那被强迫的弱者身上产生的吗?我不是在进行徒劳无功的试验吗?当每一个人都义愤填膺,对着自己的伙伴拳脚相加,男女老少没有一个人觉得安全,那会是怎样的一种情状呢?即使我在这样的灾祸中绝食至死又有什么益处呢?我们索性打开天窗说亮话:如果我们想依靠武力来赢得印度的自治,那就让我们把非暴力丢弃一旁,尽我们所能去实行暴力的主张吧。这样才算是男子汉的气度,诚实且冷静,没有人能控告我们说,这是一些可怕的伪君子。[①]不管我怎样地警告,如果大多数人都不认同我们的目标,即使他们表面接受,却不愿做任何实质性的改变,我就会要求他们履行自己的责任。他们不是一定要急着推进"公民不服从"的运

[①] 甘地已经意识到,在多数派中有部分的成员心里只是把投赞成票当成是一种政治上的权宜之计,他们偷偷摸摸地为武装暴动铺路。甘地说,曾听到他们自信满满地宣称"要把非暴力打翻在地"。甘地并不像泰戈尔那样,很早以前就嗅出了危险,他只是很惊骇,然后比泰戈尔还要决绝地谴责与攻击了那些多数派的立场。

动,而是要安下心来默默地从事奠基性的工作。如果再不留意,我们很可能将被拖坠入深不可测的深渊之中……

"凡是不愿秉持这种信念者,应该早日退出国民大会。"

随后,甘地转向了那些少数派,对他们补充说:

"爱国的热忱,要求我们忠诚与严格地固守非暴力的原则、非暴力的真理。凡是没有秉持这种信念的人,应该要退出国民大会的组织。"

这些掷地有声的话语中,不只是蕴藏着沉重的悲伤,还有令人引以为傲的英雄气概。这是另一个客西马尼园(Gethsemane)之夜。[①] 他的被捕,亦就在旦夕之间。谁又知道,在他的内心深处,何尝不是把监牢当成是另一种释放呢?

---

① 据基督教的历史,耶稣在被捕之前,客西马尼园是他最后一个夜晚的祈祷。

三

甘地早就预计到自己会被逮捕。从1920年11月10日开始,所有的私人事务都已安排妥当,他自己也预备好了入狱的准备。他撰写了一篇文章《如果我被捕》,在里面他下达好了给人民的一些建议与指令。

1922年3月9日,他又写了一篇文章,提到这样的可能性,当时关于他被捕的流言不绝于耳。他说自己并不惧怕政府。"政府的任意杀戮,使之血流成河也不能使我屈服。"他唯一担心的,乃是民众可能会被一些消息冲昏了头脑,做出让他蒙羞的事。

"我盼望人们都能保持完美的自我克制,把我的被捕之日当成是一个欢庆的日子。政府相信我是所有骚乱的灵魂中枢,如果把我去除了,也就天下太平了。接下来唯一需要做的,就是度量民众的力量了。请人民群众都保持完美的和平与安静吧。

"假如政府因为害怕爆发普遍性的暴乱而放弃逮捕我,那是我的耻辱,而不是我的荣耀和喜乐。"

希望民众把全盘建设的程序进行到底,不要罢工或者示威游行,而是不与政府合作,让法庭和学校停办。简而言之,让不合作的运动在绝对守秩序、守纪律的氛围中进行。如果人们能做到了这些,不合作运动就将取得胜利,反之,则将是莫大的灾难。

当一切都筹备妥当了,甘地就回到了他所珍爱的毗邻艾哈迈达巴德(Ahmedabad)的隐居之地萨尔巴马蒂道院(Ashram of Sarbarmati),在他所钟爱的门徒的拥戴之下,进行了安静的冥想,等待警察们的到来。他在盼望着入狱。在他离开的时候,印度必能以更大的力量来实现自己的目标。而且,甘地也说过,监狱将给他一个"安宁的、肉体上的休息",这或许也是他所应得的。

在3月10日的夜里,警察来了。他们到达的消息也传到道院。圣雄甘地已是做好了准备,并将自己交在他们手中。在去监狱的路上,他还遇到了一位穆斯林的友人,毛拉纳·哈斯拉特·莫哈尼(Maulana Hasrat Mohani),他是从很远的地方赶来,要与他做最后的拥抱。《青年印度》的主笔班克尔先生(Bankeer),与他的导师一同被捕。甘地的太太只能跟随他们到监狱的门口而止。

3月18日,正好是星期六,在艾哈迈达巴德地区的法庭法官布鲁姆菲尔德(Judge Broomsfield)面前,对甘地进行的"伟大的审判"在正午开始了。[①]它展现出罕见的尊严、罕见的高尚。法官与被告都用彬彬有礼的骑士风度彼此对待。英国人在他们的斗争中,也从来没有展现过如此宽宏大量的不偏不倚的高贵气度。布鲁姆菲尔德法官在那一天承认政府犯下了很多的过错。关于庭审的文字记录有很多,我这里只能概述性地介绍几条主要的观点。

为什么政府最终要逮捕甘地呢?为什么政府考量了两年都没有行动,而要选在甘地已经平息了暴乱,并似乎成为反对暴力唯一屏障的

---

① 1922年3月23日,《青年印度》发表了《伟大的审判》。

时候才把他囚禁了？这是否是反常的举动？还是为了验证甘地所说的可怕的预言："好像政府巴不得这片土地上充斥着杀戮、纵火和劫掠，以使自己再次独揽大权，好行其镇压之举。"

其实，政府也处在一个很困难的处境。它既尊敬甘地，同时又害怕甘地。政府本是可以温和地对待甘地的，但甘地并不温和地对待它。圣雄谴责暴力，但他的非暴力的主张却比任何的暴力还要具备革命性的力量。差不多是与他终止大规模"公民不服从"运动的同一天，或者是在德里会议的前一天，在2月23日时，他给不列颠的当局写了一份措辞强硬的文章。而贝根赫德勋爵和孟塔古先生发来的一封傲慢的电报，对于印度无疑是当头一棒。①

甘地的愤怒爆发了，他接受了挑战：

"当不列颠雄狮不断地在我们面前挥舞着血淋淋的前爪时，我们怎么还能够做任何的妥协呢？大英帝国建立的基础，是有组织地盘剥物质上弱小的民族，是持续不断地炫耀自己的野蛮的武力，如果公义的上帝还在这个世间做工，那这种现象是不会持续下去的……现在正是时候了，让英国人明白，从1920年开始的战斗，是一场决心拼到底的战斗，不管它将持续一个月，或是数个月，一年，或是数年。我唯一盼望并祈求的是，神赐给印度足够的谦卑、足够的力量将非暴力运动坚持到底。而要我们屈服于电文中傲慢的挑衅，则是绝对不可能的事情。"

---

① 电报中如此写道："即使大英帝国在印度的统治受到挑战，英国政府对于印度所负有的责任也不会解除。印度的要求都是建立在非常错误的信念上的，认为我们正在考虑撤出印度。印度对世界上最果敢的民族的挑战，是不会取得成功的，她会再次凝聚起全部的能量与决心，来回应这一个挑战。"

甘地之所以被指控，是因为上面的这篇文章和另外两篇文章里的言论，它们分别写于 1921 年 9 月 19 日、1921 年 12 月 15 日。前者谈到了阿里兄弟的被捕，后者则是回应里丁伯爵的演讲。这两篇文章里面都包含着同样的宣告："战斗到最后一刻，直至圆满之日。我们要求印度自治，我们要求政府接纳民众的意志。我们不要，也不期望任何性质的怜悯。"故此，甘地被指控的罪名是"宣扬对政府的不满，并公然煽动他人来推翻政府"。甘地在自我陈述时，就控告他的这些内容，他全都予以承认。

孟买的总检察官 J.T. 斯特兰格曼爵士（Sir J.T.Strangman）宣称，被告的这三篇文章都不是彼此孤立的，而是这两年来旨在推翻政府运动的一部分，他摘录了甘地的文章来佐证自己的观点。他也向甘地高尚的品格表示致敬，但是这种品格反而助长了文章的权威性，并且扩大了不良的影响。他指控甘地要为孟买和卓里卓拉的流血事件负责。甘地的确在宣扬非暴力，但与此同时他也在煽动不满，他就必须为民众犯下的暴力行为负责。

甘地请求允许他发言。过去的几周，他所承受的关于孰对孰错而来的折磨，那些痛苦和怀疑，那些肉体与精神上的挣扎，到底要追寻何种道路，会给人民带来何种影响，所有的这一切在他眼前豁然开朗了。他又重新寻回了灵魂的宁静。他接纳了已经发生的一切，他也接纳了注定要发生的一切，即使他会后悔，他也准备好了承担一切的后果。他赞同总检察官的话，是的，他应该负责。为所有发生的一切负责。他所宣扬的对政府的不满，要比指控书上说到的时间长久得多。他承认对马德拉斯的动乱负责，对卓里卓拉"恶魔般的罪孽"负责，对孟买"疯狂的暴行"负责。

"见多识广的总检察官是正确的,当他提到作为一个有责任感的男人,既受到过合理的教育,对这个世界亦有着足够多的经验,我本该更清楚地明了自己的每一个举动所带来的后果。我知道自己是冒着风险与烈火一起游戏,如果我被释放,我还要做同样的事。如果今天我没有把刚才所说的话说出来,那我就没有把我的责任履行好。

"我之前要避免暴力,如今仍要避免暴力。非暴力是我的第一个信仰,我最终的信条仍然还是非暴力。但我必须要做出选择。要么屈服于一种我认为对我的祖国做出了无法弥补损害的制度,要么就是承担起所有的风险,承担起我那些鲁莽和愤怒的民众在理解我的口中所传扬的真理时会突然发狂的风险。我知道,他们有时会失去理智。对此,我深深地抱憾,所以,在这里我要求不要轻判我,请用最高的量刑来审判我。我不是来要求仁慈的。我也不会为我的行为做减刑轻罪的辩护。因此,我在这里请求并欢喜愉悦地接受施加给我的最高量刑:在法律上认定是蓄意犯罪,而在我看来是在履行公民的至高职责。法官大人,你面前唯一的道路,便是辞职,或者是对我施以最严酷的判罚。"

这一番即兴的言辞铿锵有力,声满天地,如出金石。宗教精神层面的禁忌,被政治领袖坚定的英雄气概所包容,甘地随后诵读了一份致英国和印度公众的书面声明。他说,必须要向他们解释,自己为何从一个"坚定的忠臣与合作者,变成了一位绝不妥协的反叛者与不合作者"。他详细地讲述了自己从1893年开始,到现在的政治生涯。他列出了作为一名印度人在英国的体制下所遭受到的一切痛苦,以及二十五年来,自己是如何持续不懈地尝试改革这种体制。他固执地相信无须把英国和印度分隔开也能做到这一点。然历经种种的阴谋诡计，直到1919年，甘地仍然是一位坚定的合作者。但从那以后，发生的暴力和罪恶的行为就超出了人心之测度。而政府并没有惩治不义，反而蔑视原本应该加以荣耀与体恤的印度精神，甚至奖赏罪恶累累的仆役。是政府自己切断了所有的联结。甘地断言，即使政府现在去试图推动人们所希冀的改革，也必将成为祸害。在印度的英国殖民政府，其实质是在侵略民众的基础上建立起来的。制定法律就是为了巩固这种剥削。执行法律也会自觉不自觉地堕落成偏袒剥削者的利益。有一种微妙但行之有效的恐怖体系与精心组织的武力炫耀，已把印度的人民阉割去势，"诱使他们产生模仿的习惯"。印度在忍饥挨饿，饱受损害与羞辱，很多人宣称要经过数代人之后，印度才有能力完全自治。英国对印度造成的伤害，远远胜过以往的任何一个体制。不与恶者合作是一种责任。甘地履行了他的责任，鉴于在过去的不合作所表现的形式，都是在恶者身上施加暴力，而暴力一直以来也都是最高级别的武器，甘地则提供给他的人民新式的、战无不胜的武器，那就是非暴力。

布鲁姆菲尔德法官与圣雄甘地在接下来的时间里，皆展示了自己的骑士风度：

"甘地先生，您对指控认罪，这让我的任务某种程度上变得容易了，然而剩下的事，也就是如何做公正的裁决，这对全国任何一位法官来说，都是难题……一个不能忽视的事实是，在您亿万同胞的心中，您是一位伟大的爱国者、伟大的领袖。即使政见不同的人，也把您视为一位有着崇高理想的高贵的圣人……但是，把您当成普通人依法量刑，却是我现在的责任……根据您刚才的陈述，已经不可能让任何政府给您以自由，我相信印度人民对此无不痛感遗憾。但这已成了既定的事实。我会尽力去权衡给您以适当的量刑，同时兼顾到我认为必须考虑到的公共利益。"

他很有礼貌地与甘地商量应该判处的刑罚。"我想参考提拉克先生的案例，您不会觉得不合理吧？"法官把十二年徒刑改成六年的徒刑，"假使日后的印度情势改变，政府可能会减少刑期将您释放，没有任何人能比我更高兴的了。"

甘地也不想让法官为难，以免超出了法律的规定。他说，他自己的名字能与提拉克相提并论，这是他得到的最荣耀与骄傲的权利了。就判罚本身而言，他认为这是任何法官所能定出的最轻的量刑了，而就整个审判过程来说，他说自己也受到了预料之外的颇高礼遇。①

庭审结束，甘地的亲友们都匍匐在他的脚下哭泣。圣雄含着微笑离开了他们，萨巴马提（Sarbamati）的狱门，也在他的身后关闭了。②

---

① 《青年印度》的主笔班克尔先生在庭审时也遵循了他导师的样式，承认了所有的指控，他被判处一年徒刑，并被处以罚金。
② 甘地大人用优美的语言，把甘地的判决结果告诉给印度的人民，敦请他们保持和平与安静，好把精力集中到甘地所倡导的建设性计划当中。
   甘地在萨巴马提的监狱时，也受到了很好的对待，但是没过多久，就被转移到了一个不为人知的监狱；然后，再转到了浦那（Poona）附近的耶拉夫达监狱（Yeravda）。据1922年5月18日的《团结报》，N.D.哈尔迪克撰写的文章《狱中的甘地》所称，甘地跟普通罪犯一样，被关在了一个单人牢房，不允许有任何特权，据说他的健康状况在这里受到了一些损害。我们对此已无法核实。
   "C.F.安德鲁斯先生在谈到甘地入狱时，跟我说，圣雄在狱中甚为欢乐，他请他的朋友们不要来探望他。他在洁净他自己，不住地祈祷，并确信依照这种方式，他最有成效地在为印度服务着。"
   安德鲁斯先生也在无意中提到了入狱之后，甘地党的影响力大大增强了。印度人以加倍的热忱相信甘地。他们持续地把他看成是室利·克利希纳神的化身，因为他也曾经受到了入狱的试炼。与自由时的甘地相比，在监狱中的甘地，反而能更有效地防止他所害怕的暴力的爆发。

四

自从这位伟大的使徒入狱之后,他的声音就不再闻之于外了。他的肉体被囚禁于高墙之内,如同身陷死寂的坟墓。但坟墓从来都不是囚禁思想的牢笼,甘地隐形的灵魂仍然在激励着印度庞大的身躯。"和平,非暴力,受难。"这是从狱中唯一传出来的信息。[①]这一消息广为传扬,从国家的一端传到了另外的一端,到处都张贴着这一条标语。假如甘地在三年前被捕,印度将血流遍野。若是在1920年,单单是他被捕的流言,可能就会在群众中引发暴动。但是,艾哈迈达巴德的判决在一片肃穆的宗教氛围中被接纳。成千上万的印度人带着平静的喜悦,把自己交给了监狱的牢卒。非暴力与受难——有助于显明这些神圣的话语,是如何深深地进入了印度人的精神之中。

众所周知,锡克教徒被世界公认为是印度好战的族群之一。在"一战"期间,他们大量地在军队中服役。去年,他们当中曾发生了严重的内讧。在我们西方人看来,这次内讧的原因是微不足道的。在一场宗教的盛典过后,锡克教中的阿卡利派(Akalis)想要洁净圣

---

① 1922年8月3日,《团结报》登载了一篇题为《狱中来信》的文章,甘地在文中提及现代文明的弊端。我觉着这篇文章不足采信,我猜想这是他早期文章的节选,尤其可能是摘自《印度自治》。

殿。而这些锡克教的圣殿是由一些名声不好的守卫在看管着，他们拒绝交出圣殿。出于法律上的原因，政府采取了保护他们的立场。从1922年8月开始，在古鲁卡班（Guru-Ka-Bagn）[①]的圣所，每天都有殉道事件发生。阿卡利人接受了甘地非暴力的主张。有千余人在圣所附近驻扎，另外有四千人在十英里之外的阿姆利则大金庙（Golden Temple at Amritsat）[②]寄住。每一天，在四千人当中选出一百名适龄当兵的男子，他们大多数也都经历过战争，在离开金庙之前，他们宣誓，自己在思想和行动上都谨守非暴力的原则，要么直达古鲁卡班圣所，要么失去知觉被抬回来。在那个一千多人的团体中，也有二十五人每天做同样的宣誓。在离圣所不远的英国警察则携带着箍上铁尖的棍棒，在桥头上阻挡住游行的人群。可怕的场景每一天都在上演。泰戈尔的朋友安德鲁斯先生在他的《阿卡利的斗争》[③]中描写了这些令人难忘的场景。

阿卡利人戴的黑头巾上面点缀着一圈白色的小花，他们静默地走到离警察一码远的地方停下了脚步，开始肃立，无声地祷告。为了把他们赶走，英国警察用带着铁尖的棍棒刺向他们，戳得越来越猛，直至锡克人流血晕倒。那些还能站立的人，又开始祈祷；直到他们和别人一样，被打得不省人事。安德鲁斯没有听到一声呼号，没有看到一丝反抗的眼神。在不远处，还有另外一群观众，他们的脸因痛苦而扭

[①] 古鲁卡班圣所，是一处锡克教徒做礼拜的谒师所。
[②] 金庙是锡克教最神圣的中心寺庙，在印度西北的阿姆利则城里，那里有象征永生的甘露水环绕，由黄金制成的庙宇。由锡克教的第5代古鲁阿尔琼于1589年开始创建，1601年完工。
[③] 文章发表在1922年9月1日马德拉斯市《斯瓦利亚报》的副刊。安德鲁斯是甘地与泰戈尔的共同友人，也是圣蒂尼克坦大学的教授。

曲,却仍在静默地祷告着。安德鲁斯说:"十字架的阴影禁不住浮上了我的心头。"英国人在报纸上详细地记录了这个场景,也觉得非常骇异。[①]英国人完全不理解这一切,但他们不得不承认,这种无意义的牺牲证明了不合作与非暴力的理念已经深入人心,并且,旁遮普邦的人民已经完全接受了这种信念。这些慷慨的精神与纯洁的理想,让安德鲁斯先生洞悉了印度人的灵魂,他说,在这里,"我看到了新世纪的曙光",如同歌德在瓦尔米(Valmy)所看到的那样。"由苦难所锻造出来的新英雄主义已经诞生,这是一场精神之战(a War of the Spirit)。"

与那些肩负着引导人民使命的大人物相比,普通的印度民众好像更忠诚地拥护圣雄甘地的精神。我已经说过,在甘地被捕的二十天之前,在国大党德里的会议上就有人反对甘地。1922年6月7日,国委会在勒克瑙召开大会时,这种论调又一次出现。甘地所倡导的耐心等候,与静默重建的计划曾受到了激烈的批评,有提案要求开展"公民不服从"运动。一个特别委员会被指定去调查全国的情形,并判断开展"公民不服从"运动的时机是否已经成熟。这个委员会走遍了全印度,并在秋季寄回一份令人失望的报告。它不单单认定目前开展"公民不服从"运动是不合实际的,还有半数的成员甚至变成了极端的保守主义,他们提议,放弃甘地的不合作运动,并要在政府的框架里成立新的印度自治政党。换言之,甘地的主张不单受到相信暴力的人的攻击,而且也受到稳健派的怀疑。

然而印度人民并没有接受委员会的报告。1922年12月底,国大

---

① 见于1922年10月13日的《曼彻斯特卫报周刊》。

党召开了年度大会，会上大力宣扬听从被囚禁的导师，与他的不合作主张。1740张选票中，有890张否决加入政府的任何委员会。那些相信暴力的人也为数不多，而且没有什么影响力。大会闭幕时，一致通过一项决议，继续推进甘地所建议的政治罢工。然而，抵制英货的决议，因为怕激起欧洲工人的反感而被否决了。而穆斯林的哈里发大会，通常都比国大党的会议更加激进，他们中的大多数是赞成抵制的。

在这里，我们将暂停记录甘地领导的运动。尽管因为甘地与他最出色的门徒被捕缺席①而导致运动遭受了不可避免的倒退，但是，在缺乏领袖引导的第一年，运动还是成功地经受住了考验。在1922年的加雅（Gaya）会议闭幕时，英国媒体对运动的进程表达了惊奇，同时也感到了受挫。

［1922年11月16日，《团结报》登载了布兰奇·沃特森（Blanch Watson）的文章，详细枚举了印度由于非暴力抵抗之后所赢得的利益。这篇文章宣称，印度国内净收入减少了七千多万元，而因为抵制英货让英国在一年之内损失了两千多万元。她说，就在她写这篇文章的时候，就有三万印度人被捕，整个政府机构也因此烦乱不安。沃特森女士是甘地的热烈崇拜者，很可能倾向于不自觉的夸大其词。其他人的说辞就没有这么鼓舞人心了，反而证明自我牺牲的精神会被富人和商人们自私自利的态度所捆绑，有很多人起初被狂热的冲动驱使，也从政府机构里面辞职，现在又都回去工作了。再相信别的就不符合

---

① 尤其是阿里兄弟被捕。

人性了。每一次的革命，总会有很多人落在后面，踌躇不前。重点是我们要从大局上判定，这场运动是高歌猛进还是停滞不前。关于这一点，参考1923年2月16日《曼彻斯特卫报周刊》的描写是很有意义的。

《曼彻斯特卫报》的自由派知识分子的立场，是众所周知的，然而它也代表了某种受到不合作运动威胁的强大的利益集团，近来，它组织了一次对印度情况的调查。尽管它非常自然地倾向于不信任这个运动，在研读完调查结果之后，人们能得出的结论之一，就是形势非常严峻，让人忧心忡忡。最后的这篇文章（于1923年2月16日登载的）努力地证明甘地的策略是行不通的，必须要重组他的不合作运动。但文章又继续说，不合作的精神一直在成长，到处都弥漫着对外国政府的不信任与迫切消灭它的热望。印度的精英和大城市的居民们都赞同这一点。那些佃农或者农民，是唯一较少受运动影响的族群，但乡村的状况使得他们不得不在很短的时期内表态支持。军队看起来仍然未受影响，但士兵都来自农村，他们迟早会被波及。

不合作运动经常在最优秀和最温和的人群进行得最激烈。他们反对革命，这一点和国内的其他人不一样。作者宣称，印度还需要十年才能实行有效的"公民不服从"运动。但与此同时，情况会越来越严重。想要以坐牢来威胁印度人，使之按兵不动已经是不可能的了。他们现在并不害怕监狱。必须动用更严苛的强制措施，而这也将会激起他们的同仇敌忾。和平解决方案只有一种——如果还为时未晚的话——那就是英国主动地来改良印度。不要那些半吊子的措施，就像1919年的那些措施一样，甚至拖到了去年才实行。这些措施完全不完备，而且不要再去耽误时间了。英国必须主持召开印度的全民大会，所有的党派和利益团体都要参加——甘地和他的门徒，印度的王公，欧洲的资本家，穆斯林，印度教徒，帕尔西人，欧亚混血族群，基督徒，贱民——共同参加这个大会，共同为在大英帝国内部取得自治权的印度起草宪法，规划自治的权限。这是防止帝国崩溃的唯一方式。

我不知道印度政府和英国当局怎样看待《曼彻斯特卫报》的提议，我也很难相信甘地和他的不合作者会愿意和欧洲及印度的资本家一起出席大会。但有一件事是可以确定的，那就是没有人再质疑印度的自治权了。无论是通过何种途径，它终将会实现。甘地的运动一开始就让英国人改变了对印度的态度，没有比这更了不起的了。欧洲人不再蔑视印度人，而是更尊敬地对待他们。所有人都承认，政府过去采用的暴力方式是错误的。印度已经在精神上和思想上赢得了胜利。]

五

日后将会是如何面目？英国是否会因着过去的经验而变得更加明智，更加懂得如何去塑造印度人的梦想与渴望？印度人是否会忠于自己的理想？存储在国家里面的记忆通常是短暂的，如果甘地的主张反映的不是民族最深、最古老的渴望，那我就不相信印度人有能力忠实地履行圣雄的教诲。因为，这世界上没有任何行动的天才、任何领袖，能够不依靠本民族内在的禀赋，而做到对时代的满足，满足了人世间的渴望与梦想。但是，这个世界上有一种天才，无论他的理想，跟周围的环境是否契合，他会凭自己的力量而伟大。

圣雄甘地做到了。他所主张的"亚希米萨"（非暴力原则），这些年来一直镌刻在了印度的精神里面。耆那教的马哈维拉（Mahavira）、佛陀，以及对毗湿奴的崇拜，已经使它进入到千千万万灵魂的最深处。甘地只是往里面注入了英雄的血液。他沉入到那死寂的永眠之地，祈求这些伟大的灵魂，这些逝去的力量，在他声音的呼唤下能够苏醒、能够复活。在甘地的身上，他们找回了自己。甘地已不单单是一个名称，他是一个典范、一种类型。他是人民精神的化身。愿神赐福给这样的人，他让那些已经进入坟墓的同胞，因着他的灵魂而觉醒！但这样的复活，绝对不是凭空而来的。如果现时印度的思想从各个神庙与森林之间向外面喷涌而出，那是因为它承载着让全世界都惊叹的真实信息。

这个信息远远地超越了印度国界的限制。可它是由印度单独构想出来的，把民族的伟大与牺牲奉为了神圣。它也许就是印度式的十字架。

然而，一个民族为了给世界带来新的生命，看起来必定要做出一些重要的牺牲。犹太人为此而牺牲了他们的弥赛亚，几个世纪以来，他们思念着弥赛亚的到来，可是当他最终在滴血的十字架上如花绽开时，犹太人却认不出他来了。印度人则幸运得多，他们认出了自己的救世主，人民欢天喜地，走上了牺牲的道路，走向了自由。

但是，与最初年代的基督徒一样，他们并不全然了解自由的真谛。长久以来，基督徒们在等待着天国的降临。在印度，很多人的眼光只看到印度的自治。顺便说一下，我猜想这个政治目标很快就会实现。战争和革命已经让欧洲元气大伤，民穷财匮，疲惫不堪，在被它压迫过的亚洲人的眼中，它的威望被剥夺殆尽了，无法再长久地于亚细亚的土地上抵抗逐渐清醒的伊斯兰国家、印度、中国与日本人民的理想。但是，这一切都没有什么真正的意义，哪怕有更多的民族，给人类交响诗贡献的和声是如此丰富、如此新颖；如果喷涌的亚洲思潮没有为人类输出它崭新的理想的生活、理想的死，更进一步地说，还有——理想的行动，如果它没有带来新的圣餐，让欧洲甘心俯伏而领受，那么，这一切也还是没有什么实质的意义。

现今，整个世界都被暴力的风潮席卷。这场摧毁文明成果的风暴，并非来自澄净的天宇。几个世纪以来，残酷的民族自豪感被禁锢在尊崇个人崇拜的革命意识形态当中，充填着空洞无物的民主的闹剧，它用三顶王冠给自己加冕：持续了近一个世纪的非人性化的工业主义、贪婪成性的财富垄断与物质至上的经济体系。而灵魂就在其中被腐坏着，直至窒息而亡。在这些黑暗的争斗中，民族自豪感注定会膨胀到顶点，而西方的财富则将消失殆尽。断言这一切的结局无法避免显然还不够。这里面还有一种"原罪"的意味。各个民族都遵循着同样的道德标准而互相残杀，道德标准里面，却隐含着同样的贪婪、同样的该隐式的本能。① 所有被压迫的阶级都宣称自己拥有使用强权的权利，而拒绝承认别人也有同样的权利。半个世纪以前，威权强压着公理；而今，情势则更加恶劣与糟糕：威权就是公理，威权甚至还直接吞噬了公理。

旧有的世界正在崩塌，没有庇护之所，没有希望，没有世界的真光。教会给出的都是一些无关痛痒的建议与劝世良言，他们小心翼翼地措辞，以避免对抗权贵。另外，当教会给我们忠告时，他们自己却从未设立过理想的榜样。这些虚弱的和平主义者无力地嘶鸣着、呜咽着，你可以感觉出他们的犹豫和笨拙，感觉出他们在谈论着自己不再相信的信仰。谁来见证这个信仰？在这不信横行的世界又该如何去见证呢？是的，唯有行动，才能锤炼真知，见证信仰。

这就是甘地要传达给全世界的伟大信息，正如甘地所说的，来自印度的信息——自我牺牲。

诗人泰戈尔也重复过同样富有洞见的话语，与甘地一样，他也赞成这令人自豪的原则。

"我希望这种牺牲的精神，与受苦的心志，皆能茁壮成长……这

---

① 该隐是《圣经》中记载的第一位行恶者。

才是真正的自由。没有一件事物比此更为崇高,民族独立也比不上它。西方世界对武力和财富有着不可动摇的信仰;因此,无论是和平的、裁军的呼声有多么强烈,暴虐的声音就会更加响亮……我们在印度必须要把这一真理传达给世界,裁减军备,非但是可行的,而且是增强力量。事实上,心灵的力量比肉体的力量更加强大,一个手无寸铁的民族将会证明这一点。生命的演化进程也表明,在令人生畏的保护性盔甲、硬壳,以及硕大的肌肉构成的庞然大物之族群退化之后,征服蛮力的人类才出现。会有那么一天的,那柔弱高贵,但绝对手无寸铁的人,将会见证是温柔的人承受了地土。身体羸弱,别无一物的圣雄甘地会证明,隐藏在印度人民心中那温柔与谦卑的力量是绝对不可战胜的,即使历经困苦、饱受磨难。印度的命运是与那罗衍那神(Narayana)紧紧相连,而不是和那罗衍那-塞纳(Narayana-Sena)相连,换言之,即与灵魂的力量,而不是与肉体的力量紧紧相连。人类的历史必须被高举,要把它从物质斗争的纷乱山谷,举到灵性互竞的洁净高原之上。虽然我们可以借用西方的字眼来哄骗自己——自治——但这不是我们真正的目标。我们的战争是精神层面的,是为了全人类而战斗。我们应该把人类从作茧自缚的罗网中解救出来,给他自由,以脱离自私自利的国家组织。我们当让蝴蝶相信,碧空的自由,远胜于丝蛹的束缚。在印度,我们历来没有"国家"这个概念。如果从外族借用的字眼不合适我们,那就应该与那罗衍那神、与至高的存在结盟,我们之胜利,也将是神的国度之胜利……如果我们能藐视强权、财富、武力,把精神世界里面最不朽的力量展示给全世界,那建造在巨大肉体上的宫殿,必将坍塌成为废墟。那时,人们才能找到印度自治的真谛。而我们,被排斥的、卑微的东方民族,必将为全人类赢回自由……"

"我们的目的，"甘地说，"是与全世界建立友谊。非暴力已经来到了人间，而且也将永世流芳。它在为世界宣告着和平之佳音。"

但是，世界的和平远未到来。我们要丢掉任何不切实际的幻象。半个世纪以来，我们见惯了人类的伪善、怯弱与残暴。但是，这些都不能阻止我们人类的相亲相爱。因为即使在最糟糕的处境里面，神仍然坐在王位之上。我们知道，物质的枷锁重重压着20世纪的欧洲，注定支离破碎的经济正在围困着欧洲；我们也知道，几个世纪以来的欲望与体制化的谬误已经在我们的灵魂深处筑起了一道连光都无法穿透的高墙。但我们更应该知道的是，伟大的精神可以创造出何等的奇迹啊！

那些历史的缔造者，我们见识过他们的荣光曾照亮过比我们的暗夜更为幽暗的天宇。而我们，即使在世上只活过一日，也曾在印度倾听过湿婆神的鼓声，"舞蹈之神的面纱，遮起了他那最具毁灭力的眼睛，他小心翼翼，提防着自己的脚步，他救拔着世界，以免坠于地狱一般的深渊"。[①]

崇尚暴力的现实主义政治家们，无论他们是革命的，或是反对革命的，都在讥笑着我们的信仰，这也说明了他们对于深层现实的无知。就让他们讥笑吧！我们有我们自己的信仰。我知道，这种信仰在欧洲被藐视，也被迫害，在我们的本土，也不过才几个人——甚至连几个人都没有吧？——持守这样一个信仰。即使只有我一个人相信了它，那又有何妨呢？信仰的真正意义，并不是否认世界的敌意，而是

---

① 这段话摘自印度人对湿婆大神最古旧的祷文，出自公元400年维沙卡塔特（Vishakadatta）所写的戏剧《手印与罗刹》（*Mudra-Rakshasha*）。

在认清它的全部现实之后,其信心依然坚固如初!信仰就是一场战役。我们的非暴力运动就是要打一场最不顾一切的战争。软弱不能赢得和平。我们与其说是向暴力宣战,不如说是向软弱宣战。任何事物,不管其是善是恶,倘若它自身不够强健,就没有多少的价值。绝对的恶,要好过无能的善。无病呻吟的和平主义,其实是为和平敲响了丧钟;它是怯懦的,它是小信的。凡是不信的,害怕的,就请退出来吧!此路的特点就是:唯有自我牺牲,才能通向真正的和平。

这就是甘地要传扬的信息。唯一所缺的,就是十字架的印记。[①]人人都知道,若不是犹太人的缘故,罗马人是不会把耶稣基督钉上十字架的。大英帝国也并不比古罗马好上多少。他们推动了整个事件。东方民族灵魂的最深处,它的琴弦已经奏响,全世界都能感受它的颤音、它的振动。

东方宗教总会踏着某种神秘的节律,为世界贡献出它最伟大的圣者。我们完全可以肯定的是:甘地的精神,要么高奏凯歌,得胜而返;要么再度重现,化入凡界。就像几个世纪之前的耶稣和佛陀,他们如同半人半神一般,降临到了我们这个人间,他们都是完美生命的最好化身,引领着新人,踏上了新的路途。

---

① 这是英国"有良知的反对者"的观点,慢慢地传播到欧洲各地。

译后记

《甘地传》能够顺利译述付梓,闻中老师居功至伟。因本人水平实在有限,薄薄小书竟耗费一年时光,中途意欲放弃,多蒙老师包容和鼓舞,终成初稿。作为传习印度文化的大家,闻中老师增补了许多翔实的译注,修改了多处错译漏译之处,最终呈现完美的文稿。

其实最初要让我翻译《甘地传》时,我的内心实在忐忑。作为一名70后,接受教育多年,对于圣雄甘地的认识仅仅停留在中学历史课本的水平,对非暴力不合作理想更是不甚了了。或许是因为"亚希米萨"(金克木先生译作"不害主义")是在印度传统圣典中开出的信仰之花,离"以眼还眼,以牙还牙"的固有认知尚有点遥远,可能"有人打你的右脸,连左脸也转过来由他打""要爱你们的仇敌,为那逼迫你们的祷告。"更能契合个中深意。

罗曼·罗兰在《米开朗琪罗》中写道:世界上只有一种真正的英雄主义,就是认清了生活的真相后还依然热爱它。在《甘地传》中,他评价甘地信仰的真正意义,是不怕与世界为敌,而是在认清了世界的敌意之后，依然信心稳固。闻中老师把这样的一本书，介绍给中文世界的读者，不啻为一件功德。

高勃

己亥年初秋于福州

甘地传
GANDI ZHUAN

图书在版编目（CIP）数据

甘地传 /（法）罗曼·罗兰著；高劭，闻中译. --桂林：广西师范大学出版社，2023.4
（梵澄译丛 / 闻中主编）
ISBN 978-7-5598-5767-5

Ⅰ. ①甘… Ⅱ. ①罗… ②高… ③闻… Ⅲ. ①甘地(Gandhi, Mohandas Karamchand 1869-1948) －传记 Ⅳ. ①K833.517=5

中国国家版本馆 CIP 数据核字（2023）第 019497 号

广西师范大学出版社出版发行

　广西桂林市五里店路 9 号　　邮政编码：541004

　　网址：http://www.bbtpress.com
出版人：黄轩庄
全国新华书店经销
湛江南华印务有限公司印刷
　广东省湛江市霞山区绿塘路 61 号　邮政编码：524002
开本：710 mm × 960 mm　1/16
印张：10　　字数：100 千
2023 年 4 月第 1 版　　2023 年 4 月第 1 次印刷
印数：0 001~5 000 册　　定价：49.80 元

如发现印装质量问题，影响阅读，请与出版社发行部门联系调换。